essentials

Essentials liefern aktuelles Wissen in konzentrierter Form. Die Essenz dessen, worauf es als „State-of-the-Art" in der gegenwärtigen Fachdiskussion oder in der Praxis ankommt. Essentials informieren schnell, unkompliziert und verständlich

- als Einführung in ein aktuelles Thema aus Ihrem Fachgebiet
- als Einstieg in ein für Sie noch unbekanntes Themenfeld
- als Einblick, um zum Thema mitreden zu können

Die Bücher in elektronischer und gedruckter Form bringen das Expertenwissen von Springer-Fachautoren kompakt zur Darstellung. Sie sind besonders für die Nutzung als eBook auf Tablet-PCs, eBook-Readern und Smartphones geeignet.

Essentials: Wissensbausteine aus den Wirtschafts, Sozial- und Geisteswissenschaften, aus Technik und Naturwissenschaften sowie aus Medizin, Psychologie und Gesundheitsberufen. Von renommierten Autoren aller Springer-Verlagsmarken.

Robert J. Feinbier

Die Edathy-Protokolle: Was Sprache verrät

Eine psycholinguistische Sprechaktanalyse vorliegender Aussagen

 Springer

Prof. Dr. Dipl.-Psych. (emerit.)
Robert J. Feinbier
Landshut
Deutschland

ISSN 2197-6708   ISSN 2197-6716 (electronic)
essentials
ISBN 978-3-658-10252-4   ISBN 978-3-658-10253-1 (eBook)
DOI 10.1007/978-3-658-10253-1

Die Deutsche Nationalbibliothek verzeichnet diese Publikation in der Deutschen Nationalbiblio-
grafie; detaillierte bibliografische Daten sind im Internet über http://dnb.d-nb.de abrufbar.

Springer

Gedruckt auf säurefreiem und chlorfrei gebleichtem Papier

Springer Fachmedien Wiesbaden ist Teil der Fachverlagsgruppe Springer Science+Business Media
(www.springer.com)

Vorwort

In dem im Jahr 2015 vorgelegten Buch *Psycholinguistik in der Gesprächsführung*[1] habe ich vorgestellt, wie mit den Mitteln einer psycholinguistischen Sprechaktanalyse (PSA) Gesprächsäußerungen analysiert werden können.

Mit diesem *Essential* wird ein entsprechendes Anwendungsbeispiel vorgelegt. Zugrunde liegen Aussagefragmente von Sebastian Edathy und dem Abgeordneten Michael Hartmann aus dem Bundestagsuntersuchungsausschuss 2014. Die in der Presse publik gewordenen Aussagen im Untersuchungsausschuss haben gleichermaßen öffentliche Aufmerksamkeit gefunden, wie Irritationen wegen ihrer Widersprüche entstanden sind.

Eingehend analysiert werden hier exemplarisch je zwei der in der Süddeutschen Zeitung (SZ vom 20.12.2014) veröffentlichten Sprechakte von Edathy und Hartmann.

Der Text wurde im Februar 2015 von mir fertiggestellt. Er ist in diesem Essential erstmals öffentlich zugänglich.

Besonderer Dank gilt meiner Lektorin Dr. Manuela Kahle, die auch diesen Band begleitet hat.

Robert J. Feinbier

---

[1] Feinbier RJ (2015) Psycholinguistik in der Gesprächsführung. Theorie und Praxis einer psycholinguistischen Sprechaktanalyse. Springer-Verlag Wiesbaden.

Inhaltsverzeichnis

Einleitung 1

Die hier analysierten Zitate sind schon eine Selektion der SZ. Eine dialogische Struktur mit Frage und Antwort ist nicht vorhanden. Damit fehlt für eine eingehende Gesprächsanalyse der Gesprächsverlauf, so dass auch Responsaktivitäten nicht näher untersucht werden können.

Die Analyse beschränkt sich auf eine Reihe deiktischer und semiotischer Aspekte und versteht sich ausschließlich als Übungsbeispiel für eine Sprechaktanalyse, die lediglich Hypothesen generieren kann. Vorgestellt wird ein Muster zur Fährtenlese in Sprechakten und kein fachpsychologisches Gutachten in einem forensischen Kontext.

© Springer Fachmedien Wiesbaden 2015
R. J. Feinbier, *Die Edathy-Protokolle: Was Sprache verrät*, essentials,
DOI 10.1007/978-3-658-10253-1_1

2.1 Quelltexte der Aussagen Edathy/Hartmann[1]

Edathy (E)

E_1 Ich wusste immer

wo sich meine Akte befindet

und wie die zuständigen Behörden damit verfahren würden

Hartmann hätte mich nicht informieren müssen

Aber er hat es getan

Und das ist Teil der Wahrheit

E_2 Hartmann hat mich gefragt

Bist Du bereit für eine schlechte Nachricht Sebastian

E_3 Das wusste ich

Die BKA-Spitze Innenminister Friedrich Steinmeier Gabriel und der frühere

Verfassungsschutz-Vize Fritsche sind im Bilde und sie wissen

In dieser Stadt wird viel geredet

---

[1] Fued/hai/kler (2014) Widersprüche SZ vom 20.12.2014, 9

Es wurden weder Kommata noch Satzzeichen gesetzt, um zu vermeiden, dass durch diese bereits ein Sinn vorgegeben wird. Analysiert werden die grau unterlegten Passagen der hier zitierten Sprechakte.

© Springer Fachmedien Wiesbaden 2015
R. J. Feinbier, *Die Edathy-Protokolle: Was Sprache verrät*, essentials,
DOI 10.1007/978-3-658-10253-1_2

E₄ Hartmann gehe davon aus

dass Zierke wolle dass ich im Bilde bin

Ich habe keinen Grund gehabt

an Hartmanns Aufrichtigkeit zu zweifeln

E₅ Ich will sehr deutlich sagen

ich bin nicht informiert worden

habe auch nicht gesprochen mit der Spitze meiner Partei

ich bin ja noch Mitglied

und auch nicht mit der Spitze meiner damaligen Bundestagsfraktion

Was ich aber sagen kann ist

dass Thomas Oppermann ab einem bestimmten Zeitpunkt

vor Öffentlichwerden der ganzen Diskussion

sehr wohl wusste

dass Michael Hartmann im Bild war

Hartmann (H)

H₁ Edathy hatte keine tiefe Informationen

Er hätte die gerne gehabt

H₂ Er bat mich um Beratung Hilfe und Unterstützung

Dies sagte ich ihm in allgemeiner Form zu

H₃ Ich habe keine Erinnerung

daran dass ich ihm mitteilte

dass es ernst wurde

dass es zu einer Durchsuchung komme

H₄ Ich hatte keine Informationen

vom BKA-Präsidenten

Die aus der SZ vorliegenden Sprechakte wurden zunächst segmentiert und in der Folge auf ihre deiktischen und semiotischen Merkmale untersucht.

2.2   Sprechaktanalyse Edathy

2.2.1   Sprechakt E 1

Segmente

Segmente

E_1 S1   *Ich wusste immer*

S2   *wo sich meine Akte befindet*

S3   *und wie die zuständigen Behörden verfahren würden*

S4   *Hartmann hätte mich nicht informieren müssen*

S5   *Aber er hat es getan*

S6   *Und das ist Teil der Wahrheit*

E_1 S1 Ich wusste immer

Deixis-Analyse

PD Persondeixis	Ich, Sprecher	Du, Hörer	die, der - alle, andere, niemand
OD Ortsdeixis	hier	nah	dort, fern - überall, nirgends
ZD Zeitdeixis	vorher	jetzt	nachher - immer, manchmal, nie

Bei konkreter PD, proximal auf den Sprecher – *Ich* – bezogen, ist die ZD auf die Vergangenheit bezogen – *wusste* –, wird aber zeitdeiktisch pauschal generalisiert – *immer* –, eine OD fehlt.

Semiotik-Analyse

Generalisierung   *immer*

Subjekt   *Ich*, Sprecher

Verb   *wusste*

Präsupposition

Adverb   *immer*

Linksherausstellung   *Ich*

Das Verb *wusste* wird hier dem Perfekt zugeordnet. Es beschreibt einen Vorgang, der in der Vergangenheit begonnen hat und dessen Auswirkungen noch andauern. Grundsätzlich könnte man verführt sein, es als eine Formulierung im Präteritum zu verstehen (Vorgang der in der Vergangenheit begonnen hat und in der Vergangenheit abgeschlossen wurde: *(ich wusste* damals). Das Wissen *wo sich meine Akte befindet* besteht aber auch jetzt im Moment des Sprechens noch, auch weil das Strafverfahren über diese Akte am Landgericht (LG) Verden zum Zeitpunkt dieses Sprechakts (2014) noch nicht abgeschlossen war. Es erscheint nicht vermessen anzunehmen, dass dies E jederzeit, also auch jetzt vor dem Bundestagsuntersuchungsausschuss bewusst ist. Bei einem Sprechakt wie „Ich rannte nach Hause" wäre das anders gewesen, weil das Rennen endgültig vorbei ist.

Zudem erscheint *wusste* hier weniger als Handlungsverb, sondern, atelisch gebraucht, als dauerhafte Zustandsbeschreibung. Verstärkt wird dieser Eindruck durch das adverbial verwendete *immer*, das keine Zeitbegrenzung signalisiert. Genau dies aber ist in diesem Sprechakt verfänglich. *Immer* bedeutet eben nicht wirklich immer. Selbst beim Universum suchen wir nach dem Urknall und nach dem, was davor war und was nach dem Ende des Universums noch kommen mag. So macht es sehr wohl Sinn nachzufragen, wann angefangen hat, was immer galt, oder wie man nicht vergessen sollte, was immer noch gilt.

Verben kennzeichnen ganz allgemein Prozesse und führen zu Fragen nach Ursachen und Herkunft in der Vergangenheit, nach dem Verlauf im Geschehen und nach weiteren Folgen und Konsequenzen in der Zukunft. Für atelische Verben (hat, ist) wie für Verben im Perfekt wie für Zustandsbeschreibungen in Form substantivierter Verben (rennen – das Rennen) gilt dies gleichermaßen. Sie alle implizieren auch Tilgungstransformationen zum benannten Geschehen.

Im vorliegenden Fall bleibt getilgt, dass das Wissen des Sprechers E einen Anfang gehabt haben muss, den E nicht allein bestimmt haben kann. Erst einmal musste eine Akte durch Dritte geschaffen werden, bevor E davon Wissen erwerben konnte. Mit dem *immer* ist impliziert, dass E nahe dem Zeitpunkt des Erschaffens der Akte Informationen erlangt hat.[2]

Zudem enthält *wusste* die Präsupposition, dass Wissen eine Herkunft haben muss. Im vorliegenden Fall (staatsanwaltliche Vorermittlungen mit Anlegen einer Akte im Herbst 2013) kann E sein Wissen kaum selbstständig erworben haben.

Getilgt bleibt nicht nur das Wissen um eine Akte (s. S2), sondern auch die Herkunft des frühen Wissens über die Existenz dieser Akte. Da es sich um eine Akte der Staatsanwaltschaft handelt, verweist *immer* auf ein weites zeit-orts-deiktisches

---

[2] Vorermittlungen, die auch aktenmäßig erfasst werden, liefen seit Herbst 2013. Einleitung eines Ermittlungsverfahrens durch die Staatsanwaltschaft war Anfang 2014.

Geschehensfeld, weit über das politische Umfeld von E (Partei, Fraktion) hinaus (Staatsanwaltschaft Niedersachsen, BKA).

Deutlicher wäre dies noch geworden, wenn E gesagt hätte:

A₁   „Ich war immer informiert, wo sich meine Akte gerade befindet"

Betrachten wir das deiktisch proximale *Ich,* das in diesem Segment an das *wusste* gebunden ist, als (Sprech-)Handlung des Sprechers, so fällt auf, dass diese Handlung nicht als *Wissen* substantiviert wurde.

Bei Substantivierung von Prozessen, die Handlungen eines Sprechers zu einem geschaffenen Produkt machen, ist die deiktische Nähe zum handelnden Subjekt geringer, weil der Blick auf einen habenden Täter (ICH, Sprecher) noch weiter aus dem Blick verschwindet und durch ein entstandenes Objekt (Wissen) ersetzt wird. Im folgenden Beispiel rückt dies in die rechts angefügte Nach-Stellung:

A₂   „Wissen darüber, wo sich meine Akte befindet, hatte <u>ich</u> immer"

Während E in seinem Originalsprechakt *Ich wusste immer* nur als alleinige Person erkennbar wird, kann man im Beispiel A₁ im quasi zur Eigenschaft gewordenen passiven Verb ‚informiert' noch eine zweite handelnde Person erkennen, die im Beispiel A₂ verschwindet im zum Substantiv gewordenen „Wissen". Eine Person, die *wusste,* taucht dann erst als Anhang auf: Noch ICH-ferner hätte E formulieren können: „Wissen darüber ... bestand immer."

Eine solche Variante hat E aber nicht gewählt, sondern er betont, mit Linksherausstellung *Ich,* dass er es ist, der etwas weiß. Konkret: Dass er handelt, wenn er sagt, dass er etwas weiß.

Damit kommt diesem Sprechaktsegment unabhängig von seiner inhaltlichen Proposition, was E weiß, eine selbst nicht ausgesprochene weitere, pragmatische Bedeutung zu.

Unabhängig von Syntax und Semantik dieses Sprechaktsegments lässt schon der Sprechaktbeginn erwarten, dass der Sprecher aktiv handelt, wenn er spricht, also auch jetzt. Und ganz konkret ebenfalls, dass er jetzt weiß, wo sich seine Akte befindet, wenn er spricht. Daraus ergeben sich zwei Konsequenzen:

Aussagen dieses Sprechers sind dahingehend zu prüfen, welche Ursachen sie haben und welche Folgen erwartet werden können.

Dem Sprecher kann bewusst sein, dass er handelt, wenn er spricht. Er spricht nicht nur in Kenntnis dessen, was er sagt, sondern auch dessen, was er bewirkt oder bewirken will.

Dieses mit Linksherausstellung betonte und proximale Sprechaktsegment S1, hier dazu an den Anfang gestellt, beschreibt eine aktive Handlung des Sprechers und impliziert eine Wirkungserwartung. Zwar ist keine offene Wirkungserwartung im Sinne einer illokutionären Aufforderung explizit enthalten („Leute passt auf, ich weiß ..."), doch wohnt dem Sprechakt eine intentionale Implikation im Sinne einer Wirkungserwartung inne.

Kurz: Dieses Sprechaktsegment verweist auf überlegtes Handeln beim Sprechen und könnte auch als Warnung oder gar als Drohung an die Hörer verstanden werden. Hier konkret an jene, die den Sprecher in dieser Situation vernehmen.

Im Kontext der Entstehung dieses Sprechakts (Untersuchungsausschuss) wäre dann nicht nur von einem Wissen von E auszugehen, sondern auch von einer bewussten Willentlichkeit, Wissen nach eigenen Intentionen zu verwenden, also sowohl zum Selbstschutz wie zur Fremdbestimmung Dritter.

Bedenkt man zudem, dass Vorermittlungen gegen E seit 2013 laufen, die 2014 dazu geführt haben, dass ein offizielles Ermittlungsverfahren eingeleitet wurde, muss E über einen längeren Zeitraum umfangreich informiert worden sein.

Unter egozentrierter Selbstbetonung des Sprechers E wird ein erst im Segment 2 nachfolgender (Nebensatz) Sachverhalt affirmativ behauptet. E hätte auch sagen können: „Wo sich meine Akte befindet, habe ich immer gewusst". Noch bevor E überhaupt beschreibt, um welches Wissen es sich handelt, ist es ihm wichtig, sich selbst eine positive Eigenschaft – *Ich wusste* – zuzuschreiben. In Bezug auf die Persönlichkeit des Sprechers verweist dies auf ausgeprägte Selbstüberzeugung.

Vernehmungspsychologisch wird damit neben sonstigen, bislang nicht bekannten Intentionen des Sprechers auch eine an die Sache nicht gebundene Intention, ein vom Gegenstand jeder Vernehmung unabhängiges Bedürfnis deutlich: Selbstbetonung.

Wer nach taktischen und strategischen Wegen sucht, um in der Vernehmung Widerstände zu überwinden, wird sich diese unwillentlich offenbarte Persönlichkeitseigenschaft des Sprechers noch zunutze machen können.

E₁ S2 wo sich meine Akte befindet

Deixis-Analyse

PD Persondeixis	Ich, Sprecher	Du, Hörer	die, der - alle, andere, niemand
OD Ortsdeixis	hier	nah	dort, fern - überall, nirgends
ZD Zeitdeixis	vorher	jetzt	nachher - immer, manchmal, nie

Bei indirekter, rekurrierender (meine → Ich) PD bleibt die im Präsens formulierte ZD – *befindet* – allgemein, wie eine OD nicht näher – *wo* – konkretisiert wird. Das atelische, reflexive *sich befindet* führt vor allem in Verbindung mit dem *immer* aus S1 dazu, dass die ZD unbestimmt bleibt.

Allgemein sind Zeitdeixis und Ortsdeixis meist verbunden, weil ein Geschehen oder ein Zustand an einen Ort gebunden ist. Mit dem *wo* macht der Sprechakt aber nur hierauf aufmerksam, ohne eine konkrete Ortsangabe zu machen. So bleibt auch unklar, ob und was der Sprecher tatsächlich darüber weiß, wann die *Akte* wo gewesen ist und wann er von welchem Ort der Akte Kenntnis erlangt hat. Die Verknüpfung der Orts-Zeit-Deixis verlangt aus zwei Gründen nach weiterer Klärung:

Einmal, weil damit die pauschale, aber affirmative positive Selbstattribution aus S1 *Ich wusste immer* überprüfbar wäre. Bei einem von Selbstüberzeugung geprägten Sprecher kann eine solche Überprüfung zur Verunsicherung führen, wenn Wissenslücken auftreten, was in einer Vernehmung wiederum instrumentalisiert werden kann.

Zum anderen, weil eine Detailverifizierung des Wissens in der Sache, wo die Akte wann war, auch Rückschlüsse darüber erlaubt, wie Wissen über Ort/Zeit der Akte wann und von wem weitergegeben sein kann.

Nach dem ersten Sprechaktsegment S1 *Ich wusste immer* folgt in S2 mit der Benennung des Objekts *Akte* nur ein unbestimmter Hinweis auf einen Ort. Was jeweils zu welchem Zeitpunkt und an welchem Ort in der Akte enthalten war (Stand der Ermittlungen usw.) wird nicht angesprochen, sodass getilgt bleibt, ob E *immer* mehr wusste als nur den Aufenthaltsort seiner Akte.

Insgesamt bleibt das Sprechaktsegment damit sehr distal auf beim aktuellen Sprechen nicht anwesende Dinge/Umstände in der Vergangenheit gerichtet, ohne diese wirklich zu konkretisieren. Was E schafft, ist ein Spektrum von Tilgungen, nicht etwa eine Fülle an Wissen. Schon gar nicht beschreibt E die Entwicklung seines Wissens. So affirmativ der Sprechakt bislang erscheint, so leer bleibt er tatsächlich. Dies ähnelt mancher Erfahrung im Alltag, wo man sich nach einem Gespräch manchmal fragt: „Ist der wirklich so gescheit, oder tut er nur so?"

Semiotik-Analyse

Substantiv	*Akte*
Verb	*befindet*
Atelisches Zustandsverb	
Präsens	
Pronomen (reflexiv)	*sich*
Passivformulierung	*sich befindet*

Akte als Singular vom lateinischen ‚acta' (d. h. immerhin Geschehnisse) bezeichnet im Deutschen das meist schriftlich fixierte Ergebnis von Handlungen (die übrigens auch als Akte bezeichnet werden) und verweist damit auf Taten.

Der substantivierte Begriff *Akte* wird hier wie eine Metapher oder ein Symbol gebraucht. Beschrieben wird eine Form, nicht der Inhalt von Taten, die erst zum Entstehen einer Akte und zum Umgang mit ihr und den daraus folgenden Konsequenzen geführt hat. Die Formulierung *Akte* ist mithin auch als Tilgungstransformation zu verstehen.

Im vorliegenden Kontext, einem Untersuchungsausschuss, kann eine willentliche Tilgung nicht ausgeschlossen werden. Insoweit bleibt die Ungenauigkeit in dieser Abstraktion *Akte* keineswegs innocent, sondern kann insinuierend, das heißt suggestiv wirken und gar zu autosuggestiven Selbstüberzeugungen bei einem Hörer führen.

Geht man davon aus, dass der mit Ausschüssen erfahrene Jurist E seine Worte zu wägen weiß, stellt sich die Frage nach intentionalem, gar manipulativem Handeln. In jedem Fall bestätigt sich, was bereits im S1 deutlich wurde: E handelt überlegt, wenn er spricht.

Die Formulierung *sich ... befindet* beschreibt eine ‚Leidensform'. Das Erleiden bezieht sich auf das Objekt der Aussage: *Akte*, mithin nicht auf den Sprecher.

Jede ‚Erleidensform' wirft die Frage nach einem Täter auf: Wer hat dazu geführt, dass *sich die Akte wo befindet*? Dies bleibt getilgt wie das Wissen hierüber.

Nur indirekt spricht der Sprecher damit von Handlungen Dritter an diesem Objekt *Akte*. Schon gar nicht spricht E von eigenen Handlungen oder wie er Kenntnis von fremden Handlungen erlangt hat.

Handlungen mit der Akte sind aber präsupponiert, weil E in S1 im *immer* und in S2 im *wo* implizit orts- und zeitdeiktische Hinweise auf mehrere Orte und Zeiten gegeben hat, mithin einen Wechsel bzw. Verlauf beschrieben hat und die *Akte* als Objekt der Handlungen sich nicht selbst bewegen konnte.

Implikate, besonders Präsuppositionen sind keineswegs innocent. Sie verweisen nicht nur auf Tilgungen und weitere Merkmale des Sprechers. Sie sind vielfach auch indikativ für verdeckte Intentionen des Sprechers, können auch Handlungserwartungen und manchmal sogar Handlungsaufforderungen enthalten oder induzierende bis suggestive Wirkung entfalten.

E bekundet nicht nur selbstoffen Wissen über die wechselnden Orte eines Objekts *Akte*, er betont dieses Wissen auch und damit ebenfalls die nicht offen angesprochenen Implikate.

Im Zusammenhang mit einer nicht ausschließbaren pragmatischen Wirkung des Sprechaktsegments S1 (s. o.) erscheint weitere Klärung angezeigt, wenn E tatsächlich Machtwissen instrumentalisierend einsetzen möchte. Angesichts des weiten zeit-orts-deiktischen Geschehensfeldes (s. S1) mit wechselnden Orten der Akte allemal. Getilgt bleibt, dass es mindestens eine handelnde Person geben muss, die über die jeweiligen Aufenthaltsorte der Akte Bescheid geben konnte, weil das *sich befindet* fremd geschaffen worden sein muss. Weder bewegt sich die Akte selbst noch teilt sich ihr Aufenthaltsort selbst mit.

Die deiktisch gesehen distale Ferne des Sprechaktsegments S2 wird durch die Zuschreibung *meine Akte* unterbrochen. E spricht zwar von einem externen Objekt *Akte*, holt dies jedoch deiktisch mit *meine* in die ICH-Nähe. E hätte auch sagen können: „… wo sich die Akte befindet". Wenn E von *meine Akte* spricht, wird damit eigene Betroffenheit erkennbar. Auch dieser so sachbezogene Sprechakt lässt in diesem Segment ganz verdeckt Ego-Involvement erkennen.

ICH-Nähe verweist auf Betroffenheit und emotionale Bedeutung. Auch wenn der Sprecher über einen fernen und stark abstrahierten Inhalt sehr bewusst und im Kontext der Vernehmung vor dem Ausschuss wohl auch um Kontrolle seiner Äußerungen bemüht spricht, gelingt es ihm bei aller Rationalität nicht vollständig, jeden Hinweis auf ein Ego-Involvement zu verbergen.

Vernehmungspsychologisch würde man dies als Hinweis auf eine verdeckt bleibende Emotionalität verstehen. Das Verdecken einer Emotion erfordert Kraft und gelingt selten durchgängig.

Umgekehrt: Wenn trotz Selbstkontrolle latente Emotionalität erkennbar wird, ist sie fragil. In Vernehmungen kann dies genutzt werden, wenn man Emotionen so weit schafft, dass die Kontrollbemühungen nicht mehr ausreichen. Allein eine Bemerkung wie „Wichtig war es Ihnen schon zu wissen, wo ihre Akte gerade war" würde unter links herausgestellter Betonung der Bedeutung des Wissens wieder stärker auf den Sprecher fokussieren. Bei „Ihnen war es schon wichtig zu wissen, wo Ihre Akte war" würde mit der Linksherausstellung von ‚Ihnen' der Sprecher noch stärker in den Fokus gerückt.

E₁ S3 und wie die zuständigen Behörden damit verfahren würden

Deixis-Analyse

PD Persondeixis	Ich, Sprecher	Du, Hörer	die, der - alle, andere, niemand
OD Ortsdeixis	hier	nah	dort, fern - überall, nirgends
ZD Zeitdeixis	vorher	jetzt	nachher - immer, manchmal, nie

Mit *Behörden* wird im erweiterten Sinne eine neue, externe PD eingeführt, gleichzeitig verschwindet der persondeiktische Bezug zum präsenten Sprecher. Die ZD verlagert sich von der Vergangenheit – *wusste* – in die nachfolgende Zukunft – *ver-*

fahren würden –, einer zweiten Vergangenheit. Im Sprechaktverlauf entfernt sich der Sprecher mit dieser Externalisierung auf zwei Ebenen, PD und ZD, weiter in die ICH-Ferne. Er spricht nicht mehr von sich sondern nur noch zu Ereignissen in verschiedenen Zeiten in der Vergangenheit und dem Handeln von Institutionen.

Betrachtet man den bisherigen Sprechaktverlauf von S1-S3 im Zusammenhang, dann hat E zunächst von *Ich* gesprochen, dann von *meine Akte* und dann von *Behörden*. Gleichzeitig hat E bei seinem Bericht über frühere Ereignisse und Situationen eine Zeitreise (Vergangenheit – Gegenwart – Zukunft) gemacht. Der bisherige Sprechakt weist damit nicht nur eine vielfältige, sondern auch eine variable deiktische Struktur auf.

Semiotik-Analyse

Substantiv	*Behörden*
Verb	*verfahren würden*
Futur I	
Adjektiv	*zuständigen*
Konnexion	*und*

S3 beginnt mit einer Konnexion *und*. Man könnte den gesamten Sprechakt S1-S3 unbedacht so verstehen, dass mit dem *und* nur Kohäsion zu S2 geschaffen würde: *wo sich meine Akte befindet (und) wie die zuständigen Behörden verfahren würden.* Allerdings findet sich das *und* in einem fortlaufend gesprochenen Satz auch an S1 gebunden, womit Kohärenz entsteht zwischen S1 und S3 *ich wusste immer (und) wie die zuständigen Behörden verfahren würden.* Das ist in diesem Fall, E ist Jurist und es geht um möglicherweise strafbare Handlungen, auch sachlich nachvollziehbar.

Verbunden mit dem Tempus- und Moduswechsel der Verben von S2 *sich befindet* zu S3 *verfahren würden*, also von atelisch reflexiv zu telisch agentativ, von Zustands- zu Prozessbeschreibung, sind neue Implikationen. Umso mehr als mit *sich befindet* nach der nur scheinbar immobil gemachten *Akte* nun ein handelnder Aktant – *Behörden* – expressis verbis eingeführt wird. Wo ein Zustand als aktivitätslos und damit rasch als wirkungslos verstanden werden mag, ist die Wahrscheinlichkeit bei Handlungsbeschreibungen viel größer, dass Handeln auch nachfolgendes Handeln bewirkt.

Zudem verweist *verfahren würden* auf eine vom Sprecher E antizipierte Gerichtetheit, umso mehr als es um *meine Akte* geht. So stellt sich die Frage nach erwartbaren Responsaktivitäten des Sprechers E. Auch weil E mit *immer* einen längeren Zeitraum für mögliche Handlungen, also auch eigene, selbst eingeführt hat.

Als relevant erscheint dies, weil E in allen Sprechakten von E_1 bis E_5, vor allem in E_5, nicht ein einziges Mal direkt berichtet, was er selbst getan hat. Entweder spricht E vom Handeln anderer Personen oder er negiert eine eigene Handlung oder er spricht von sich als Ziel und Objekt von Handlungen.

Aus vernehmungspsychologischer Sicht müsste es in einer professionellen Vernehmung auffallen, wenn ein Zeuge nie berichtet, was er selbst getan hat. Schon beim häuslichen Ehestreit, wo jeder nur das Verhalten des Anderen kritisiert, ist das Fehlen von Schilderungen zum eigenen Verhalten ein Hinweis auf willentliche oder unbewusste Tilgung des eigenen Verhaltens. Selbst bei Zeugenbefragungen zu einem nur beobachteten Unfallgeschehen muss das Verhalten des externen Beobachters mit erfasst werden, weil nur so geklärt werden kann, was und wie genau er überhaupt beobachten konnte. Kein Strafverteidiger würde dies außer Acht lassen.

Nun ist diese Absenz zunächst nur ein erster Hinweis auf eine Tilgung, doch macht es Sinn, diese Hypothese weiter zu prüfen. Zu eigenen Responseaktivitäten kann es nicht nur bei sozialen Interaktionen oder in einem Dialog kommen, sondern auch, wenn externe Handlungen oder Geschehnisse, die noch nicht einmal singulär auf einen selbst bezogen sein müssen, Auswirkungen auf den Wahrnehmenden erwarten lassen. Wenn ein Gewitter aufzieht, suchen wir Schutz, und nach dem Regen schließen wir wieder den Regenschirm.

Gerade im vorliegenden Fall macht es Sinn, weiter der getilgten Präsenz in dieser Absenz nachzugehen. Wir wissen schon, dass bei der Verwendung von Verben das zeitdeiktische Fenster von Vergangenheit – Gegenwart – Zukunft zu berücksichtigen bleibt. Das heißt, dass eine Prozessgestalt erkennbar werden kann.

Wenn in einem Sprechakt Handlungen mit unterschiedlichen zeitdeiktischen Bezügen berichtet werden, bleibt oft zu entscheiden, wo der zeitdeiktische Nullpunkt für die jeweils beschriebenen Handlungen gesetzt wird. E berichtet ja nicht einfach nur, was früher gewesen ist, schon gar nicht, was er jetzt denkt oder was er in Zukunft vorhat zu tun, sondern E berichtet in S1 und S2 zu einer komplexen Vergangenheit aus der Außenperspektive eines scheinbar unbeteiligten Beobachters, hat aber in S1 noch proximal zu sich selbst berichtet *ich wusste immer* und hat in S2 bereits Ego-Involvement erkennen lassen.

Zwar können Konnexionen mit *und* rein additiv gebildet werden (Im Korb waren Äpfel, Birnen und Pflaumen), doch stellt sich besonders bei Konnexionen von Handlungen, hier einer ganzen Handlungsreihe S1 bis S3 *ich wusste – Akte sich befindet – Behörden verfahren würden*, nicht nur die Frage nach einer kausalen Verbindung, sondern auch nach Responsaktivitäten, auch dann, wenn kein direktes Interaktionsgeschehen erkennbar wird.

Bei den hier beschriebenen Handlungen, einem gleichen oder nahe beieinander liegendem Zeitkontinuum zugeordnet, in einem Sprechakt nacheinander gesprochen, liegt es besonders nahe, sich zu fragen: Hat E dem Verlaufsweg der Akte immer nur passiv zugeschaut oder hat er selbst Informationen eingeholt und gar dem Informationsverlauf folgend adaptativ gehandelt?

Zudem macht das im Futur I formulierte *verfahren würden* darauf aufmerksam, dass E Folgen sehr wohl antizipieren kann. Grundsätzlich war es E möglich, sich im Zeitverlauf vorzubereiten oder jeweils adaptiert zu handeln, das heißt auch, weitere Informationen rechtzeitig selbst zu suchen oder zu entfernen (PC-Fest-platte).

Systemisch betrachtet, entsteht im vorliegenden Sprechakt mit dem *und* eine syntaktisch Konnexion die auch eine kausale Konnexionen nach dem Bild A bedingt B (A → B) implizieren kann, wie auch eine gemeinsame dritte Wirkungsform verborgen sein kann nach dem Bild C bedingt A und B (C → A, B ...).

Nun haben wir schon darauf verwiesen, dass durch die Bildung von drei Satzteilen die Bindung von S1 und S3 so diffus wird, dass man meinen könnte, S3 *wie die zuständigen Behörden verfahren würden* habe mit S1 *Ich wusste immer* gar nichts mehr zu tun.

Dass es falsch wäre, diese Kohärenz zu übersehen, wird aber auch daran erkenntlich, dass E nicht gesagt hat *ich wusste ... wie Behörden verfahren*, sondern weil er gesagt hat *ich wusste immer ... wie die zuständigen Behörden verfahren würden*. Syntaktische Kohäsion und Sinn konstatierende Kohärenz sind nicht unabhängig voneinander.

Beide Adjektive – *immer* und *zuständigen* – schließen an ein vorher gesprochenes Segment an. Die Attribution *immer* aus S1 *Ich wusste* schließt an S2 *wo sich meine Akte befindet* an, aber auch an S3 *wie die zuständigen Behörden verfahren würden*. Die Attribution *zuständigen* schließt damit auch an S2 *meine Akte* an: Die für diese Akte zuständigen Behörden.

Daraus ergibt sich eine weitere Bedeutung, die bislang noch gar nicht offenkundig wurde. E hat in S1 zunächst das *wusste* an das *wo sich meine Akte befindet* gebunden, was bis zu S2 Fragen nach dem Lauf der Akten und dem Umgang mit ihnen aufgeworfen hat, ferner, was E hierüber erfahren hat.

Mit S3 *wie die zuständigen Behörden verfahren würden* ergibt sich aber eine weitere Perspektive. Einmal spricht E in der Mehrzahl *Behörden*, was noch nachvollziehbar ist, weil eben mehrere Behörden mit der Akte befasst waren. Impliziert ist aber nicht nur das Wissen, dass es mehrere Behörden sind, sondern auch ein allgemeines Wissen von E über diese Behörden.

Dieses allgemeine Wissen über diese Behörden wird mit der Anbindung an *meine Akte* und der adjektivistischen Kennzeichnung *zuständigen* wiederum konkretisierend eingegrenzt auf spezifisches Wissen über die *zuständigen* Behörden für *meine Akte*.

Es sind eben nicht irgendwelche Behörden, sondern jene, die zuständig sind für diese Akte und damit deren Inhalt und damit jene Handlungen von E, die zu dieser Akte und damit zu diesen Behörden geführt haben. So entsteht mit dieser Sprechaktkonstruktion fast schon eine Totaltilgung des Verhaltens des Sprechers, das Ursache für alle Folgen bis hin zu diesem gerade gesprochenen Satz war.

Die Frage nach dem jeweiligen Ort der Akte, im Sprechakt weit links vorangestellt, ist für sich genommen uninteressant, schon weil die Orte, egal, was E darüber weiß, eh bekannt sind. Die Frage nach dem Wissen von E über den jeweiligen zeitbestimmten Ort der Akte ist im Kontext Untersuchungsausschuss nur interessant in Hinblick auf die Frage: Wie konnte E dieses jeweilige Wissen erlangen? Nun stellt sich mit S3 aber auch die Frage: Was bedeutet das *immer* aus S1 wenn es mit *und* auch an S3 gebunden wird *ich wusste immer ... wie die zuständigen Behörden verfahren würden*?

Anders als für *ich wusste immer wo sich meine Akte befindet* (Nullpunkt: Erstellung der Akte) gibt es für diesen Fall keinen benennbaren zeitdeiktischen Nullpunkt. Interessant wird dieses *verfahren würden* in Hinblick auf Responsaktivitäten von E, weil dieser zeitdeiktisch in die Zukunft gerichtete Konjunktiv auch im Zusammenhang des gesamten Sprechakts mit dem *immer* gesehen werden kann.

Im Zusammenhang mit *ich wusste immer* kann bei fehlendem zeitdeiktischen Nullpunkt und dem in der Tilgung *meine Akte* implizierten Tatwissen über eine Tat, die ja vor der Aufnahme in eine Akte begangen worden sein muss, mindestens nicht ausgeschlossen werden, dass E schon *immer wusste*, was seine Taten bei Bekanntwerden bei den *zuständigen Behörden* auslösen würden. Im vorliegenden Kontext eventuell strafbarer Handlungen eines öffentlich bekannten, politisch tätigen Juristen ist dies wiederum in ganz neuer Hinsicht relevant.

Wenn E mit der Abstraktion *Akte* die eigene Person und die eigenen Handlungen, die in *meine Akte* beschrieben werden, im Verlauf des bisherigen Sprechakts S1-S3 zunehmend verschwinden lässt, ist dies besonders interessant im Zusammenhang mit *wie die zuständigen Behörden verfahren würden*. Im *ich wusste schon immer wie die zuständigen Behörden verfahren würden* ist eine weitere Tilgung verborgen: E *wusste* schon vor der Erstellung *meiner Akte, wie die zuständigen Behörden verfahren würden*, wenn sein Verhalten, das zu einer Akte führte, bekannt würde.

Ähnlich wie bei jeder Beurteilung der Schuldfähigkeit eines fraglichen Straftäters (§ 20, 21 StGB) stets Einsichtsfähigkeit und Steuerungsfähigkeit zu prüfen sind, stellt sich auch hier die Frage, ob eine handlungsfähige Person in der Kenntnis, *wie die zuständigen Behörden verfahren würden*, über andere Handlungsmöglichkeiten verfügt hätte, als sie hier gezeigt wurden (Edathy: ein bestimmtes Bildmaterial bestellen).

Im vorliegenden Fall bleibt hierzu der Kontext noch weiter zu setzen. Aus anderen Äußerungen von E ist bekannt, dass er wiederholt betont hat, sein Verhalten sei legal gewesen. Daran hat auch der Ausgang des separat verlaufenden Strafverfahrens am LG Verden nichts geändert.

E ist Jurist und E ist ein öffentlich schon früh bekannt gewordener Politiker mit bislang guter Reputation. Im erweiterten Kontext kommt dem bisherigen Sprechakt von S1 bis S3 damit eine ganz neue Bedeutung zu, weil darin eine Implikation getilgt ist, die E nicht explizit ausspricht:

Wenn E *immer wusste wo sich meine Akte befindet und wie die zuständigen Behörden verfahren würden,* dann verfügte E über Wissen darüber, wie Behörden verfahren, wenn ein solche Akte (konkret: ein solches Verhalten, das zu einer solchen Akte geführt hat) bei ihnen angelegt wird. Deutlich wird dies eben an der Attribution, mit der er *Behörden* kennzeichnet: *die zuständigen.* Dieses Wissen über eine Eigenschaft bestimmter Behörden wurde bei einem ausgebildeten Juristen längst in der Vergangenheit erworben und ist im Sprechakt auch zeitdeiktisch dort angesiedelt: *wusste.*

Im Kontext mit der Aussage des Abgeordneten Hartmann zum Treffen mit E am 15. November am Rande des SPD-Parteitags wird dies relevant. Laut Hartmann habe E *„das Material als harmlos geschildert ... sei weniger von Furcht vor strafrechtlichen Ermittlungen umgetrieben als vor der Verurteilung durch die Öffentlichkeit".*[3]

Unterstellt, das Verhalten von E war legal, ja selbst bei einem Verbotsirrtum eines Juristen, wird mindestens der Kontext ‚öffentlich bekannter, renommierter Politiker' indikativ für die Persönlichkeit von E. Selbst wenn kein rechtliches Risiko bestand, so bestand ein politisches Risiko für E. Auch dies *wusste* E *immer.*

Vor dem nochmals erweiterten Kontext der damaligen Regierungsbildung, die auch E weiter befördern hätte können, und des erwartbaren Verhaltens im allgemeinen, hoch strittigen politischen System, ist E zumindest dieses Risiko eingegangen. Nach dem subjektiven Eindruck von Hartmann hat E seinerzeit sogar ein rechtliches Risiko einkalkuliert (*weniger*).

Im Ergebnis hat E damit letztlich eine für ihn nachteilige Entscheidung getroffen, als er sich das fragliche Material trotzdem beschafft hat, weil mit seiner Entscheidung zumindest anderweitige berufliche Intentionen in der Zielerreichung verhindert wurden.

Ungeklärt bleibt, ob überstarke Suche nach Bedürfnisbefriedigung oder erhöhte Risikofreude oder beides zusammen (bei Spielern, vulgo: Zockern, geht beides oft zusammen) dazu geführt haben. Unter dem Aspekt der Kognitiven Dissonanztheo-

---

[3] Fried, N (2014) SZ vom 20.12.2014, 9

rie (Festinger 1957)[4] ist es E nicht gelungen, Umweltwahrnehmungen, die nicht widerspruchsfrei in das vorhandene Selbstkonzept passen, angemessen zu verarbeiten.

Vernehmungspsychologisch relevant ist daran, dass die in S1 deutlich gewordene Selbstüberzeugung *ich wusste immer* damit fragwürdig ist. E weiß offenbar nicht alles rechtzeitig, und schon gar nicht weiß er genug über sich selbst, und er ist nicht in der Lage, Umweltwahrnehmungen und Selbstkonzept störungsfrei in Einklang zu bringen. Persuasives Vorgehen, Überzeugung schaffen durch Fremdeinwirkung auch in Form von Sachbeweisen, würde bei einer Vernehmung absehbar sehr schwer werden oder gänzlich scheitern. Im Falle einer Verurteilung in einem Strafverfahren würde ein solcher Zeuge dabei bleiben, eine Tat zu bestreiten. Selbst ein im letzten Augenblick vor Gericht abgelegtes Geständnis könnte nachträglich als funktional zur Strafmilderung verstanden werden. Der Ausgang des Strafverfahrens am LG Verden und die von E nachgereichten Stellungnahmen bestätigen dies ebenso.

Vor dem Hintergrund des bereits erkennbar gewordenen Ego-Involvement (Emotionalität siehe S2) offenbart E damit eigene Vulnerabilität, wenn er bei eh schon umfangreichen Tilgungen noch weiter der ICH-Nähe zu entweichen sucht und externalisierend über Dritte an anderem Ort zu anderer Zeit spricht: *Behörden verfahren würden.*

Dies ist nicht nur ein Hinweis darauf, dass ein Verdeckungsbemühen misslingt. Es ist auch ein weiterer Beitrag zum Persönlichkeitsbild des Sprechers. In einer Vernehmung könnte ein Vernehmungsbeamter überlegen, dieses Wissen über unerwünschte, dem Sprecher nicht bewusste Persönlichkeitseigenschaften (Bsp.: starkes Triebbedürfnis bei unzureichender Kontrollfähigkeit gegenüber diesem Bedürfnisse und/oder unzureichenden kognitiven Fähigkeiten zum Verdecken unerwünschter Persönlichkeitsmerkmale, rigides, selbstschädigendes, Selbstkonzept) konfrontativ zu nutzen, zum Beispiel wenn der Vernehmungsbeamte dieses Wissen über die Persönlichkeit des Sprechers offenbaren würde.

Ein Wissen, das der Sprecher nicht ausreichend an sich selbst erkennen kann (Bedürfnisstärke vulgo Triebstärke, Risikoverhalten), und ein Wissen, das er selbst nicht offenbar werden lassen wollte (ungenügende Fähigkeiten zum Verdecken), verweisen auf Schwächen und Ängste. Bei einer solchen Aufdeckung unerwünschter Persönlichkeitseigenschaften während einer Vernehmung würde ein doppeltes Defizit konfrontativ offengelegt werden. Alltagssprachlich und pejorativ übertrieben würde E vor Augen gehalten, dass er ein triebgesteuerter Zocker wäre, der

---

[4] Festinger LA (1957) A theory of cognitive dissonance. Stanford

entgegen der eigenen Selbstüberzeugung weder zur Impulskontrolle noch zur verbalen Selbstkontrolle fähig ist, wenn er nur den Mund aufmacht.

Dass ein solches Vorgehen hier nicht angemessen ist, versteht sich von selbst. Eine verbale In-vivo-Konfrontation mit unerwünschten Selbsteigenschaften kann zwar in einer Vernehmung im Einzelfall auch mal zu einer Widerstand aufbrechenden emotionalen Katharsis führen; sie kann aber auch das Gegenteil bewirken, dass Widerstandkräfte neu organisiert werden und der vernommene Zeuge noch viel vorsichtiger wird. Im vorliegenden Fall ist eher mit dem zweiten Ergebnis zu rechnen. So leicht würde E sein selbst geschaffenes positives, aber rigides Selbstkonzept nicht aufgeben.

Der erste in sich abgeschlossene Satz im ersten Sprechakt hat damit bereits interessante Informationen über den Sprecher E geliefert. Mehr als dieser vielleicht selbst gedacht hat.

E₁ S4 Hartmann hätte mich nicht informieren müssen

Deixis-Analyse

PD Persondeixis	Ich, Sprecher	Du, Hörer	die, der - alle, andere, niemand
OD Ortsdeixis	hier	nah	dort, fern - überall, nirgends
ZD Zeitdeixis	vorher	jetzt	nachher - immer, manchmal, nie

Zeitdeiktisch in die Vergangenheit gerichtet, verweist das Segment persondeiktisch zunächst auf den Sprecher und dann auf eine dritte nicht anwesende Person: *Hartmann*.

Semiotik-Analyse

Verb	*hätte, informieren, müssen*
Negation	*nicht*
Konjunktiv	*hätte*
Linksherausstellung	*Hartmann*

Links herausgestellt wird der distale persondeiktische Bezug *Hartmann*, nicht der Sprecher selbst. E hätte auch formulieren können: „Mich hätte Hartmann nicht informieren müssen". Zudem formuliert E im Konjunktiv, konkret im Konjunktiv II. E hätte auch sagen können: „Hartmann hat mich nicht informieren müssen". Die mit diesem Konjunktiv *hätte* angesprochene Handlung *informieren* ist eine grundsätzlich mögliche Handlung (kein Irrealis), sodass der Konjunktiv in diesem Fall auf eine durchaus mögliche Handlung von Hartmann verweist.

Im Zusammenhang mit dem ersten Sprechakt *ich wusste immer wo sich meine Akte befand* verweist der Konjunktiv *hätte* auf eine Ermessensentscheidung von Hartmann zwischen zwei Alternativen und führt zu der Frage, warum sich Hartmann für die eine Alternative entschieden hat: Zufall oder nicht?

Völlig getilgt bleibt bei der Schilderung eines interaktiven Vorgangs *mich informieren* was der Handlung *informieren* vorausging.

Das Verb *müssen* ist im Zusammenhang mit dem Konjunktiv II *hätte* recht aufschlussreich, weil es um eine gerichtete transitive Handlung *informieren* geht.

E hat nicht im Indikativ Perfekt formuliert: „Hartmann hat mich nicht informieren müssen". Beide Formulierungen *hätte*/hat führen aber im Zusammenhang mit S1 *Ich wusste immer* zum Sprecher E, weil man gedanklich nur noch ‚mehr' einbauen muss: *Hartmann hätte*/hat *mich nicht (mehr) informieren müssen*. Durch die Wahl des Konjunktiv II gerät die Möglichkeit stärker aus dem Blick, dass E gar nicht mehr informiert werden musste. S4 richtet schon wegen der Linksherausstellung *Hartmann* den Fokus weg von E, betont hier eine intentionale Handlung von H und entrückt der Aufmerksamkeit, dass das im selben Sprechakt gesprochene *ich wusste immer* erkennen lässt, dass E, zumindest nach eigenen Aussagen, schon zuvor Kenntnisse hatte.

Im Kontext, dass Vorermittlungen seit 2013 liefen, Anfang 2014 ein Ermittlungsverfahren offiziell eingeleitet wurde, bleibt damit weiter offen, ob E, der nach eigenen Angaben *immer wusste wo sich meine Akte befand* ... seine erste Information überhaupt von Hartmann bekommen hat und ab welchem Zeitpunkt Hartmann überhaupt über Informationen verfügte, die er weitergeben konnte. Wir können nicht einmal ausschließen, dass E früher als H Kenntnisse hatte.

Wenn wir davon ausgehen, dass *müssen* semantisch auf einen von außen wirkenden Zwang oder auf eine erwünschte Folge verweist, insinuiert die Formulierung, dass Hartmann entweder fremd gezwungen war zu *informieren* oder dass Hartman sich selbst unter Handlungsdruck erlebte, tätig zu werden. E hätte auch viel blander formulieren können: „Hartman hat mich nicht (mehr) zu informieren brauchen".

So erhält die Linksherausstellung *Hartmann* in diesem Sprechakts nun doch noch zwei weitere Bedeutungen. E rückt den nicht anwesenden Dritten *Hartmann* in den Fokus der Aufmerksamkeit. Und E markiert eine Verantwortungsdelegation auf den nicht anwesenden Dritten *Hartmann* und insinuiert indirekt nicht benannte weitere Personen. Das Segment eröffnet nicht nur die Möglichkeit, dass Informationen noch von anderen Personen zu E gekommen sind, sondern dass Hartmann auf Veranlassung Dritter gehandelt hat.

In der Summe befördert E damit einen Themawechsel von *meine Akte* und dem Verhalten von E hin zu einem Verhalten von Hartmann oder weiteren Personen.

Dass S4 in diesem Fall auch eine Ablenkung darstellen könnte, ergibt sich aus einem Merkmal dieses Sprechakts, das kaum mehr auffällt. Das Segment enthält eine Negation: *nicht*. Allzu leicht hören wir bei *nicht* eben nichts. Dabei schließt S4 auch wieder an das an, wovon sich der Sprechaktverlauf schleichend entfernt hat: *Ich wusste immer ....*

Weil E nicht sagt: „Hartmann hat mich als Erster und allein ständig informiert ..." bleibt weiter getilgt, aus welchen Quellen E sonst noch Wissen über seine Akte bezogen hat.

Unterstellt, E *wusste immer wo sich meine Akte befindet*, unabhängig davon, ob Hartmann E informiert hat, dann ist die Fokussierung auf H als Informationsvermittler unnötig, weil die Informationen an E von anderer Stelle vorher schon gekommen sind. Diese Anderen sind dann in dieser Negation völlig getilgt. Wenn E eine Verantwortung unter Selbstexkulpation auf H delegiert, sie gar, wie das nächste Segment S5 noch zeigen wird, als Anschuldigung betont, wäre dies dann ein Nebenschauplatz, der verdrängt, aus welcher Quelle E vor H schon informiert wurde.

Relevant wird dies, wenn als Ergebnis der ersten Befragungsrunde in den öffentlichen Medienstellungnahmen dahingehend kommentiert wird, dass Widersprüche zwischen der Aussage von E und der Aussage von H bestehen (SZ a. a. O.: „... Edathy und ... Hartmann hatten sich ... nahezu in jedem Punkt widersprochen"). Widersprüche, die vergessen lassen, dass E sich bisher möglicherweise selbst widerspricht und dies möglicherweise selbst im letzten, nach SZ zitierten Sprechakt noch einmal tut, wenn er unter dreimaliger Negation später sagt:

E₅ S1   *Ich will sehr deutlich sagen*

    S2   *ich bin nicht informiert worden*

    S3   *habe auch nicht gesprochen mit der Spitze meiner Partei*

    S4   *auch nicht mit der Spitze meiner damaligen Bundestagsfraktion*

       ...

Was E tatsächlich wann, wie und von wem erfahren hat, wird auch in den Sprechakten E₂ und E₃ nicht erkennbar. Nur einmal nennt E Ross und Reiter, Quelle, Zeitpunkt und Inhalt einer Information:

E₄ *Hartmann geht davon aus*

    dass Zierke wolle dass ich im Bilde bin

Allerdings handelt es sich um eine Information aus zweiter Hand. E berichtet nur, dass eine Information zu H gekommen sein soll. E, der laut E_1 *immer wusste* und laut E_5 *nicht informiert* wurde, erklärt aber durchaus auch:

E_3 *Das wusste ich*

> *Die BKA-Spitze Innenminister Friedrich Steinmeier Gabriel und der frühere*
>
> *Verfassungsschutz-Vize Fritsche sind im Bilde und sie wissen*
>
> *In dieser Stadt wird viel geredet*

und

E_5 *Was ich aber sagen kann ist*

> *dass Thomas Oppermann ab einem bestimmten Zeitpunkt*
>
> *vor Öffentlichwerden der ganzen Diskussion*
>
> *sehr wohl wusste*
>
> *dass Michael Hartmann im Bild war*

E offenbart damit recht affirmativ umfangreiches Wissen, ohne die Quelle und den Zeitpunkt all seiner Informationen je offenzulegen. Was bleibt, ist ein Verwirrspiel mit Andeutungen in viele Richtungen. Ein Spiel, das auf einen intentional handelnden Spieler mit nicht offenbarten Zielen verweist: Edathy. Hartmann hingegen erscheint eher als Stellvertreterbüttel, der zwischen die anderen agierenden Personen geraten ist. Das Aussageverhalten von E begründet die Hypothese, dass E nicht nur taktisch, sondern strategisch handelt.

E_1 S5 Aber er hat es getan

Deixis-Analyse

PD Persondeixis	Ich, Sprecher	Du, Hörer	die, der - alle, andere, niemand
OD Ortsdeixis	hier	nah	dort, fern - überall, nirgends
ZD Zeitdeixis	vorher	jetzt	nachher - immer, manchmal, nie

In S5 spricht E nur von der nichtanwesenden Person *er* (Hartmann), und dies in der Vergangenheit *hat getan*. ICH-Nähe ist deiktisch nicht mehr zu erkennen.

Semiotik-Analyse

    Verb   *hat getan*

    Rekurrenz   *er, es*

    Linksherausstellung   *aber*

Semantisch markiert *aber* einen Einwand oder Widerspruch, verweist auf ein Problem. Nun wird in diesem S5 nicht explizit benannt, worauf sich der Einwand bezieht, sondern es wird nur mit dem *es* darauf rekurriert und das Rekurrierte wird dem *aber* nachgestellt. E hätte auch sagen können: „Getan hat er es aber" oder „Informiert hat er mich aber".

Mit der Linksherausstellung von *aber* wird deshalb der Widerspruch betont, nicht, wogegen er gerichtet ist (*informieren*), und mit der Voranstellung von *er* (Hartmann) vor das rekurrierende *es* (was Hartmann getan hat) wird die Person von H etwas stärker in den Fokus gerückt.

Hat S4 schon auf eine Selbstexkulpation von E und eine Verantwortungsdelegation auf H verwiesen, so führt S5 fast schon zu einer Beschuldigungsbetonung nach dem Motto „Da, der da hat es getan!"

Meta-Merkmal des Sprechakts ist bis hierher ein fast durchgängiges Spiel mit Tilgungen, verdeckten Andeutungen und Fokussierungen. So verstärkt sich nun die Hypothese, dass eine Intention wirkt, deren Richtung bislang nicht wirklich offen geworden ist. Letzte Zweifel an diesem Verdeckungsspiel räumt dann das letzte Segment dieses ersten Sprechakts aus:

E$_1$ S6 Und das ist Teil der Wahrheit

    Deixis-Analyse

PD Persondeixis	Ich, Sprecher	Du, Hörer	die, der - alle, andere, niemand
OD Ortsdeixis	hier	nah	dort, fern - überall, nirgends
ZD Zeitdeixis	vorher	jetzt	nachher - immer, manchmal, nie

Wenn auch im Präsens gesprochen, so bleibt der Sprechakt doch ohne PD, OD und mit allgemeiner ZD formuliert. So affirmativ das Segment formuliert wird, so sehr wächst im Sprechaktverlauf die ICH-Ferne weiter. Nichts ist mehr konkret an eine Person, eine Zeit oder einen Ort gebunden. Erstmals wird nicht mehr von Personen oder Objekten gesprochen, ebenso finden sich keine konkreten Bezüge mehr zu Personen, Zeiten oder Orten. Thematisiert wird ein allgemeines Abstraktum. Selbst die ZD *ist* bleibt im Zusammenhang mit *Wahrheit* unbegrenzt.

Semiotik-Analyse

Generalisierung	*Wahrheit*
Substantiv singular	*Wahrheit, Teil*
Verb	*ist*
(Oxymoron)	*Teil der Wahrheit*
Konnexion	*und*
Rekurrenz	*das*

Mit der Konnexion *und* schließt S6 an S5 an *Aber er hat es getan.* E erklärt in Verbindung mit *Wahrheit* die Übereinstimmung seiner Aussage mit der Sache, über die er sich geäußert hat.

Wenn die ICH-Ferne quasi total ist, könnte man vergessen, dass es doch eine bestimmte Person, E, ist, die gerade zu anderen Personen im Untersuchungsausschuss spricht.

E hätte auch formulieren können: „Ich sage die Wahrheit ..." So hat E eben nicht formuliert. E affirmiert mit dem rekurrierenden *das* auf den vorhergehenden Sprechakt *aber er hat es getan*, der bereits mit der Ellipse *es* formuliert war. Konkretheit schaut anders aus.

So wird *Wahrheit* als eigenständiges Objekt in Form eines Substantivs eingeführt, ohne Bezug zur Handlung einer Person und schon gar nicht einer Handlung oder Eigenschaft der Person des Sprechers E. In S6 tut niemand mehr etwas. Deiktisch gesehen, bleibt S6 gänzlich distal.

Nun war der ganze Sprechakt bis hierher einerseits recht affirmativ formuliert und hat andererseits sukzessiv in die deiktische Ferne geführt. E hat seinen gesamten Sprechakt aber nicht mit einem Paukenschlag abgeschlossen: „Das die Wahrheit".

Wir alle kennen Gespräche im Privatleben wie im beruflichen Alltag, in denen nach und nach immer mehr von einem Geschehen offenbar wird, und wir sind jedes Mal überrascht, wenn noch ein Detail dazukommt. Oft haben wir dann das Gefühl, nicht die ganze Wahrheit zu kennen. Wahrheit gibt es nur im Ganzen, so, wie man nicht ein wenig schwanger werden kann. Ein Teil der Wahrheit ist eben nicht die Wahrheit, weil Wahrheit ausschließt, dass noch etwas verborgen bleibt.

Wenn jemand sagt „Müller ist tot", klärt ein solcher Sprechakt einen Sachverhalt. Dieser ist dann wahr oder nicht. Mit der Einführung eines *Teils*, noch dazu mit einem nur rekurrierenden *das,* macht E keinen Abschluss. Man kann auch mit Verschweigen lügen, und so bleibt bei *Teil der Wahrheit* stets auch die Frage, ob alles gesagt ist, und damit auch, ob alles wahr ist, was gesagt ist. Gewissermaßen kann man *Teil der Wahrheit* auch als ein Oxymoron verstehen, das in der Sache mehr verbirgt, als dem Sprecher bewusst ist. Ganz unzweideutig (sic!) ist eben kein Oxymoron.[5]

Wenn E seinen Sprechakt hier nicht affirmativ abschließt („Das ist die ganze Wahrheit"), dann öffnet E ihn neu. Wer in einer Vernehmung Wissen wirklich verschweigen will, tut dies am besten mit finalem Schweigen. Hartmann hat dies 2015 exemplarisch vorgemacht und weitere Aussagen in seiner zweiten Befragung verweigert. Jeder Strafverteidiger ermahnt seinen Mandanten, wenn überhaupt, nur so wenig wie möglich zu sagen, und möglichst auf Fragen nur kurz und knapp zu antworten.

E ist Jurist und weiß dies und hält sich selbst nicht an diese Regel. So wie überhaupt große Äußerungswilligkeit erkennbar geworden ist und sich E auch anderweitig zu eigenen Stellungnahmen veranlasst sieht (s. auch das zwischenzeitlich abgeschlossene Strafverfahren am LG Verden).

So kann in diesem Kontext des Untersuchungsausschusses nicht einfach von einer versehentlichen, unbeabsichtigten Formulierung ausgegangen werden, wenn in S6 nun eine neue Gesprächsperspektive eröffnet wird mit dem Hinweis auf mögliche weitere Teile der Wahrheit.

Das insinuierende Fährtenlegen von E setzt sich also fort. E will sprechen und E will, dass gesprochen wird, und initiiert selbst neue Themen, wann immer er will. Dies aber nicht etwa mit konkreten Angaben, sondern erneut indirekt über Tilgungen *Teil der Wahrheit*, die auf weitere Implikate verweisen.

Bei Personen, die keine Erfahrungen mit Vernehmungen haben, mag dies unwillentlich erfolgen. Bei einer Persönlichkeit wie der von E sollte solcherlei Ungeschicklichkeit nicht erwartet werden

In der Zusammenschau aller Sprechakte von E verstärkt sich die Hypothese, dass H nur ein Ersatzobjekt (Stellvertreterbüttel) für Vorhalte ist, die sich noch an andere Personen richten könnten. Ein Hinweis darauf findet sich auch bei Hartmann:

H₂ *Er bat mich um Beratung Hilfe und Unterstützung*
     Dies sagte ich in allgemeiner Form zu

Auch demnach wäre E hilfsbedürftig gewesen, weil er längst wusste.

---

[5] Beispiel: *Unheimlich liebevoll konnte der Kerl sein*

2.2.2   Sprechakt E 5

Segmente[6]

E₅	S1	*Ich will sehr deutlich sagen*
	S2	*ich bin nicht informiert worden*
	S3	*habe auch nicht gesprochen mit der Spitze meiner Partei*
	S4	*und auch nicht mit der Spitze meiner damaligen Bundestagsfraktion*
	S5	*ich bin ja noch Mitglied*
	S6	*Was ich aber sagen kann ist*
	S7	*dass Thomas Oppermann sehr wohl wusste*
	S7a	*ab einem bestimmten Zeitpunkt vor Öffentlichwerden der ganzen Diskussion*
	S8	*dass Michael Hartmann im Bild war*

E₅ S1 Ich will sehr deutlich sagen

Deixis-Analyse

PD Persondeixis	ich, Sprecher	Du, Hörer	die, der - alle, andere, niemand
OD Ortsdeixis	hier	nah	dort, fern - überall
ZD Zeitdeixis	vorher	jetzt	nachher - immer, manchmal, nie

Mit links herausgestelltem *Ich* betont E in der PD den Verweis auf sich selbst und fokussiert damit inhaltlich auf seinen Willen und mit der ZD im Präsens *will sagen* auf den aktuellen Augenblick, das heißt, dass er bewusst überlegt handelt, wenn er sagt, was er jetzt sagt.

Semiotik-Analyse

Subjekt	*Ich*
Verb	*will, sagen*
Adverb	*sehr, deutlich*
Linksherausstellung	*Ich*

---

[6] Zu Analysezwecken wurde der Sprechakt für die Segmentbildung angepasst.

Enthalten sind zwei Handlungen: *will* und *sagen*. E hätte das, was er sagen will (S2 usw.), auch ohne diese Einleitung (S1) sagen können: E stellt S1 aber voran und betont damit zuerst, dass er etwas will, und erklärt erst sekundär, was es ist, was er *sagen* will.

Deutlich wird damit, was sich im ersten Sprechakt E_1 schon angedeutet hat: Ein klarer Handlungswille besteht, der nun explizit wird. So klar bekundet war dies zuvor nicht zu hören, womit sich die Frage stellt, warum jetzt, an dieser Stelle der Vernehmung, dem Inhalt dessen, was E sagen will, die Selbstoffenbarung seines Willens vorangestellt wird.

Bedeutsam ist dies auch, weil sich wegen

E_1 S6   *Und das ist Teil der Wahrheit*

in der Umkehrung auch die Frage nach dem stellt, was E nicht sagen will.

E bedient die Vernehmung nach eigenen Intentionen jeweils mit dem, was er sagen will, und an welcher Stelle der Vernehmung er dies für angezeigt hält. Verstärkt wird dieser Eindruck auch durch die gleich zweifache *sehr deutlich* Hervorhebung. Dies ist nicht nur eine Verstärkung seiner Willentlichkeit. Es macht auch deutlich, dass E über einen Maßstab verfügt, mit dem er seine eigenen Aussagen qualifiziert: *Ich sage – ich will sagen – ich will deutlich sagen – ich will sehr deutlich sagen*. E ist in der Lage, seine Angaben selbst gesteuert und dosiert zu setzen.[7]

Vergessen wir nicht: Wenn ich jetzt, an dieser Stelle, betone, dass ich etwas *sehr deutlich* sagen will, dann stets in dem Wissen, dass nicht alles, was ich sage, gleichermaßen *deutlich* gesagt wird. Kennzeichnend erscheint für solch feine Differenzierungen dann ein später folgendes Segment:

S6 *Was ich aber sagen kann ist*

Dass E auch gesteuert Fährten legen kann, bestätigt sich somit erneut. So kann es fast schon nicht mehr überraschen, wenn E beim Bericht über das, was er *sehr deutlich sagen will*, in den nachfolgenden Äußerungen dreimal das Handeln gegenüber Dritten negiert (S2-S4). E beschreibt nur, was er oder andere nicht getan haben.

---

[7] Fußballfreunde mögen auch an die oft parodistisch anmutenden Formulierungen von FC Bayern München Trainer Pep Guardiola denken.

E₅ S2 ich bin nicht informiert worden

Deixis-Analyse

PD Persondeixis	Ich, Sprecher	Du, Hörer	die, der - alle, andere, niemand
OD Ortsdeixis	hier	nah	dort, fern - überall, nirgends
ZD Zeitdeixis	vorher	jetzt	nachher - immer, manchmal, nie

Mit klarer, auf den Sprecher E bezogener PD ist die ZD in die Vergangenheit gerichtet.

Semiotik-Analyse

Subjekt	*Ich*
Linksherausstellung	
Verb	*bin informiert worden*
Transitiv	
Passiv	*worden*
Negation	*nicht*

Nur scheinbar ähnelt das Segment dem ersten Sprechakt von E:

E₁   S1   *Ich wusste immer*

Das Segment E₅ S2 ist keineswegs klar und unmissverständlich formuliert. Noch immer verdeckt enthalten ist durch die Passivformulierung ein persondeiktischer Hinweis auf andere Personen und die Negation *nicht informiert*. E tilgt mit der Negation und dem verdeckten Verweis auf andere handelnde Personen mehr als er offenbart. Wie kann E *immer wissen wo sich meine Akte befindet,* wenn E *nicht informiert worden* ist? Affirmiert wird erneut das Nichts.

E₅ S3 habe auch nicht gesprochen mit der Spitze meiner Partei

Deixis-Analyse

PD Persondeixis	Ich, Sprecher	Du, Hörer	die, der - alle, andere, niemand
OD Ortsdeixis	hier	nah	dort, fern - überall, nirgends
ZD Zeitdeixis	vorher	jetzt	nachher - immer, manchmal, nie

Eine PD verweist offen auf Andere *Spitze meiner Partei* und nur indirekt wird ein persondeiktischer Verweis auf den Sprecher erkennbar *habe*. Die ZD weist in die Vergangenheit. Das syntaktisch ergänzbare *Ich* wird nicht ausgesprochen.

Semiotik-Analyse

Subjekt	*Spitze meiner Partei*
Rechtsherausstellung	*Spitze meiner Partei*
Verb	*habe gesprochen*
Transitiv	
Possessivpronomen	*meiner*
Konnexion	*auch*
Fokuspartikel	
Negation	*nicht*

Mit der Konnexion *auch* bindet sich das Segment an E S1 und fokussiert auf:

S2   *Ich bin nicht informiert worden*

Wenn E *nicht informiert worden* ist und *nicht gesprochen mit der Spitze meiner Partei* hat, dann besteht entweder Widerspruch zu E_1 S1–2, oder E insinuiert, dass er Informationen noch von ganz anderer Stelle erhalten hat. Im Kontext mit der Vernehmung von Hartmann könnte man dies immer noch als Hinweis auf H verstehen. Doch dem steht entgegen:

E_1 S4   *Hartmann hätte mich nicht informieren müssen*

So bleibt weiter völlig unklar, wo E Informationen herbekommen hat. Statt eine *deutliche* Klärung herbeizuführen, schafft er mit einer implizierten Tilgung erneut Verwirrung.

Mit dem nach rechts gestellten *mit der Spitze meiner Partei* konkretisiert E mit einer Nachstellung zu S2 die auszuschließende (Negation) Quelle der Information.

Interessant ist dabei, das Attribut *meiner*. E hätte auch sagen können: „Ich habe auch nicht mit der Spitze der Partei/der SPD gesprochen". Ob dies auf eine emotional bedeutsame Bindung verweist oder unter einem pragmatischen Aspekt zu verstehen ist, bleibt zunächst offen.

Im Kontext der Vernehmung in einem Untersuchungsausschuss, in welchem auch SPD-Abgeordnete zur Aufklärung beitragen sollen, könnte diese Kennzeichnung *meiner Partei* auch eine appellative Wirkung entfalten: „Ich bin noch einer von Euch". Darauf, dass dies keineswegs eine spitzfindige Petitesse sein muss, verweist auch:

S5   *Ich bin ja noch Mitglied*

E₅ S4 auch nicht mit der Spitze meiner damaligen Bundestagsfraktion bringt eine weitere fokussierende Konnexion *auch*. In der syntaktischen Struktur ist das Segment noch unvollständiger als S3 und enthält ebenfalls eine Negation *nicht*. Zwar ist eine PD vorhanden *meiner Bundestagsfraktion*, doch fehlt ein Verb gänzlich, sodass eine ZD nur im Zusammenhang erschlossen werden kann.

Dass E von *meiner* damaligen *Bundestagsfraktion* spricht, erklärt sich mit seinem Mandatsverzicht vom 10.02.2014. Durch das verbundene *meiner* deutet sich eine Verlusterfahrung an, die gleich noch deutlicher wird.

E₅ S5 ich bin ja noch Mitglied (der SPD)   Deutlich wird auch hier, wie sorgfältig differenziert E in der Lage ist, seine Worte zu wählen. Mit einem links herausgestellten, persondeiktischen Verweis auf die eigene Person *Ich* und zeitdeiktisch auf die Jetzt-Zeit gerichteten *bin* betont E mit dem Partikel *noch* in Verbindung mit dem Partikel *ja* besonders seine derzeitige soziale Position vor dem Untersuchungsausschuss. Gewissermaßen spricht er zu den SPD-Mitgliedern im Ausschuss, ohne sie anzusehen.

Ein intentionales Gestaltungsbemühen ist E in jedem Sprechakt ebenso zu eigen wie eine elaborierte Sprachfertigkeit. E weiß genau, was er wann, wie sagt, und was er wann nicht sagt.

E₅ S6 Was ich aber sagen kann ist

Deixis-Analyse

PD Persondeixis	Ich, Sprecher	Du, Hörer	die, der - alle, andere, niemand
OD Ortsdeixis	hier	nah	dort, fern - überall, nirgends
ZD Zeitdeixis	vorher	jetzt	nachher - immer, manchmal, nie

PD *Ich* und ZD *sagen kann* sind klar und proximal auf den Sprecher in der Jetztzeit gerichtet.

Semiotik-Analyse

Subjekt	*Ich*
Verb	*sagen kann*
Adversative Kohäsion	*aber*
Konnektion	*aber*
Diskursmarker	
Linksherausstellung	*was*
Relativpronomen	

Mit dem links herausgestellten, zunächst neutralen Relativpronomen *was* nimmt E in Form einer Ellipse Bezug auf erst später in S7-S8 nachfolgende Inhalte. Damit erhält *was* eine besondere Bedeutung. E hätte auch formulieren können: „Ich kann sagen ...". So erlangt dieses links vor den eigentlichen Informationsinhalt gestellte *was* eine eigene Aufmerksamkeit. *Was* verweist trotzdem auf eine getilgte Implikation. Getilgt bleibt, dass eine Selektion erfolgt ist zwischen dem Sagbaren und dem Nicht-Sagbaren. In der Umkehrung bedeutet auch dies, dass E nicht alles sagt.

Bei der Formulierung *ich kann sagen* wird im konventionellen Sprachverständnis gerne das ‚Können' überhört. Gerade bei Zeugenaussagen sind wir geneigt, eine solche Formulierung als Ausweis von Selbstkritik zu verstehen. Dass diese Formulierung *was ich sagen kann* stets auch impliziert, dass es etwas geben muss, *was ich* nicht *sagen kann* fällt meistens nicht mehr auf. Die Antwort auf die Frage, warum ich etwas nicht sagen kann, wird gern vorschnell in den fehlenden Fähigkeiten des Sprechers vermutet. Das Hindernis für dieses Können kann aber auch extrapersonale oder kontextuelle Gründe haben. Wir alle kennen genügend Situationen, in denen es etwas zu sagen gäbe, dies jetzt oder hier aber nicht möglich oder nicht opportun ist.

Dass es gerade hier berechtigt ist, noch andere Gründe zu vermuten, wird an dem Adversativ *aber* erkennbar. *Aber* ist stets ein Diskurs markierender Kohäsionspartikel, der nie allein stehen kann. Er verweist vergleichend auf einen anderen Aussageinhalt. Dem *aber* wohnt nicht nur eine Kontrastfunktion inne, zu dem, was E nicht sagen kann (S2-S4), es stellt einen Rückbezug auf S1 dar und schafft ein völlig neues Thema. Da S2-S4 nicht einfach ein beiläufiges Nebenthema waren, dirigiert E damit den Diskurs mit dem Ausschuss.

Das verweist erneut darauf, dass E bei seiner Aussage intentional und überlegt handelt. Dies gilt auch, wenn endlich nachgeschoben wird, worauf sich das *was* inhaltlich bezieht. Auch dann sagt E nur, was er wann sagen will, wenn er sagt: *was ich aber sagen kann.*

E₅ S7 dass Thomas Oppermann sehr wohl wusste

Deixis-Analyse

PD Persondeixis	Ich, Sprecher	Du, Hörer	die, der - alle, andere, niemand
OD Ortsdeixis	hier	nah	dort, fern - überall, nirgends
ZD Zeitdeixis	vorher	jetzt	nachher - immer, manchmal, nie

Mit einer auf die nicht anwesende Person *Thomas Oppermann* verweisenden PD und einer in die Vergangenheiten verweisenden ZD wird der Sprechakt wieder sehr distal und geht vom proximalen *was ich aber sagen kann* in die ICH-Ferne.

Semiotik-Analyse

Subjekt	*Thomas Oppermann*
Verb	*wusste*
Adjektiv/Adverb	*sehr*
Intensivierungspartikel	
Modalpartikel	*wohl*
Subjunktion	*dass*

Um die Komplexität dieses Segments zu verstehen, darf man nicht vergessen, dass es als Nebensatz gebunden ist an

S5   *Was ich aber sagen kann ist ... dass Thomas Oppermann ...*

Wichtig ist dies, weil E in S6 noch von sich spricht *Was ich aber sagen kann*, in S7 aber nur noch von *Thomas Oppermann*. Vergisst man dies, denkt man nur noch an das, was *Thomas Oppermann sehr wohl wusste*, und könnte die Implikation übersehen, dass auch E *sehr wohl* weiß, dass *Thomas Oppermann* etwas wusste. Getilgt bleibt in diesem S6, dass E Wissen über *Thomas Oppermann* hatte.

Von *Thomas Oppermann* selbst kann E sein Wissen nicht erfahren haben (siehe: E₅ S2-S4). Entweder bleibt in diesem S7 eine weitere Informationsquelle getilgt, aus der E durch Hörensagen von dem Wissen von *Thomas Oppermann* erfahren hat, oder es besteht ein grundsätzlicher Widerspruch.

Unterstellt, E hat aus einer hier getilgt bleibenden weiteren Quelle erfahren, was *Thomas Oppermann* wusste, dann überrascht, wie affirmativ sich E mit den Intensivierungspartikeln *sehr wohl* äußert. Immerhin berichtet E dann über Wissen aus zweiter Hand. Impliziert wäre damit, dass die nicht genannte Quelle von E sehr verlässlich sein muss.

Spekuliert, diese weitere Informationsquelle wäre H gewesen, dann überrascht diese Affirmation nicht minder, weil E die Glaubwürdigkeit von H mit seinen Aussagen ganz allgemein in Frage stellt und sie hier wieder hervorheben würde Siehe auch:

E$_4$ *Ich habe keinen Grund gehabt an Hartmanns Aufrichtigkeit zu zweifeln*

Solange in der Formulierung *informieren* der genaue Inhalt der jeweiligen Information verdeckt bleibt (PZO: Wer hat was wann gesagt), bleibt die getilgte Implikation relevant, dass E außer H noch mindestens eine weitere Informationsquelle haben kann.

E$_5$ S7a ab einem bestimmten Zeitpunkt vor Öffentlichwerden der ganzen Diskussion

Deixis-Analyse

PD Persondeixis	Ich, Sprecher	Du, Hörer	die, der - alle, andere, niemand
OD Ortsdeixis	hier	nah	dort, fern - überall, nirgends
ZD Zeitdeixis	vorher	jetzt	nachher - immer, manchmal, nie

Bei fehlender PD ist die ZD auf zwei Zeiten in der Vergangenheit bezogen. Einem ersten *Zeitpunkt*, der nicht konkretisiert wird, und einem zweiten vorhergehenden Zeitpunkt, als ungenannt bleibende Vorgänge *öffentlich wurden*.

Semiotik-Analyse

Substantivierung	*Öffentlichwerden, Diskussion*
Adjektiv	*bestimmten, ganzen*
Präposition temporal	*ab*
Zahl	(1) *einem*
Bagatellisierende Generalisierung	*der ganzen Diskussion*

Dieser Nebensatz beginnt mit der Festlegung einer Zeit *ab*, die dreifach eingegrenzt wird mit *bestimmten* und *einem* und *Zeitpunkt*. Mitnichten ist diese Eingrenzung aber eine echte Konkretisierung, weil diese Zeit zwar adjektivistisch – *bestimmten* – und mit dem Substantiv *Zeitpunkt* als singuläres Ereignis angedeutet, die reale Zeit aber nicht benannt wird.

Wie schon in

E₅ S7 *Dass Thomas Oppermann* **sehr wohl wusste**

wird hier gleich dreifach ein Inhalt affirmiert, den E nicht belegt. Getilgt bleibt, dass *Zeitpunkt* eine Handlung einer Person impliziert, die Wissen bei Oppermann geschaffen hat.

Entweder wird von E ein Wissen vorgetäuscht, das er nicht hat, oder E will den konkreten *einen* und *bestimmten Zeitpunkt* nicht nennen. Wo der *Zeitpunkt* des *Öffentlichwerdens* extern bestimmt werden kann, bleibt der davorliegende *Zeitpunkt* zu dem *Oppermann sehr wohl wusste*, das heißt Wissen vermittelt bekommen hat, unbestimmt.

Diese Affirmation ist aber auch indikativ für den Sprecher E, weil sie ein weiteres Implikat enthält. Wenn *Oppermann vor Öffentlichwerden sehr wohl wusste*, dann stellt sich die Frage, ab wann E wusste, was Oppermann damals wusste? Auch dies bleibt in der Aussage von E getilgt. Diese Tilgung ist deshalb relevant, weil E auch zeitgleich wissen konnte, was Oppermann wusste. Auch hierzu bleibt zu fragen: Wann und von wem hat E Wissen über Oppermann erlangt?

E insinuiert eine Präzision, die nicht wirklich eingelöst wird. Entweder verschleiert E weiteres Wissen oder er ist intentional bemüht, ein Wissen zu behaupten, das er nicht hat.

Interessant ist im Zusammenhang mit dieser fragwürdigen Präzision auch die dazu kontrastierende Generalisierung: *die ganze Diskussion*.

Wenn sich zwei Personen streiten, haben wir alle schon einmal gehört: „Was soll denn die ganze Diskussion?". Im konventionellen Sprachgebrauch wird das umfassende *Ganze* dann weniger als totalisierende Mengenangabe, sondern als minimierende Abwertung der *Diskussion* verstanden. Gewissermaßen wird das *Ganze* dann als überflüssig und unnütz verstanden. *Die ganze Diskussion* entfaltet eine andere Wirkung als „die gesamte" Diskussion. Erst recht tilgt die Substantivierung *Diskussion* die Tatsache, dass es Personen sind, die sprechen. Diese Formulierung *die ganze Diskussion* ist damit eher als bagatellisierende Metapher zu verstehen. Umgangssprachlich könnte man sagen, E versteht die ganze Aufregung eh nicht, wertet sie pejorativ ab. Gänzlich abseits jeglicher moralischen Wertung jener Handlungen von E, die zu dieser *ganzen Diskussion* geführt haben (Bildmaterial von Edathy), offenbart diese Metapher wieder das, was sich schon in E₁ gezeigt hat: eine selbstgerechte, von Selbstüberzeugung geprägte Haltung von E. Der Ausgang des Strafverfahrens am LG Verden und die nachfolgenden Stellungnahmen von E hierzu bestätigen dies nur.

E₅ S8 dass Michael Hartmann im Bild war

Deixis-Analyse

PD Persondeixis	Ich, Sprecher	Du, Hörer	die, der - alle, andere, niemand
OD Ortsdeixis	hier	nah	dort, fern - überall, nirgends
ZD Zeitdeixis	vorher	jetzt	nachher - immer, manchmal, nie

Mit einer auf eine nicht anwesende Person *Michael Hartmann* verweisenden PD und einer in die Vergangenheiten verweisenden ZD bleibt der Sprechakt sehr distal.

Semiotik-Analyse

Subjekt	*Michael Hartmann*
Verb	*war*
Metapher	*im Bild*
Subjunktion	*dass*

Mit einer zweiten Subjunktion *dass* schließt E zu an:

E₅ S7 *Dass Thomas Oppermann sehr wohl wusste*

Angesichts des in S6 *Was ich aber sagen kann* und S7 *sehr wohl wusste* erkennbar gewordenen Affirmierungsbemühens überrascht nun nicht mehr, dass die Aussage über *Michael Hartmann* gleichermaßen allgemein wie affirmativ ist.

E verwendet eine Metapher, das heißt ein Sprachbild im quasi doppelten Sinne: *im Bild* sein. Alternativ hätte E auch sagen können: „ ... dass Michael Hartmann informiert war."

‚Im Bild sein' verstehen wir konventionell als Hinweis auf: Bescheid wissen, sachkundig sein usw. In dieser Metapher begegnen sich eine sprachliche Kennzeichnung und eine allgemeine, visuelle Kennzeichnung.

So treffend nun im Einzelfall eine Metapher einmal sein kann, so wenig definiert bleibt doch der Verweis auf die bildliche Darstellung eines sprachlichen Inhalts. Einen Sprechakt wie „Sie hatte nein gesagt und ich stand wie vor einer Wand" versteht jeder, doch was der Sprecher tatsächlich an Empfindungen und Reaktionen, jetzt und nachfolgend erlebt hat, in einer Situation, die ja nur vorgaukelt, der Sprecher habe einen realen visuellen Eindruck beschrieben, bleibt dem Nacherleben des Hörers und dessen eigener Erlebnis- und Erfahrungswelt überlassen. Fast schon paradoxe Züge nimmt ein solches Sprachbild an, wenn es zum

Beispiel am Strand des Atlantiks gesprochen wird, und wahrscheinlich würde das kaum auffallen.

Sprachliche und bildhafte Zeichen beschreiben in höchst unterschiedlicher Weise. Wir mögen sie manchmal komplementär empfinden (Intermodale Kohärenz), aber allzu leicht vergessen wird, dass sprachliche und bildhafte Zeichen unterschiedlichen Sinnesmodalitäten entspringen. In einem Sprachbild begegnen sich dann stets zwei sehr unterschiedliche Wahrnehmungsformen. Im Sinne einer Zeichengrammatik stehen in der hör- und lesbaren Sprache, semiotisch gesehen, eine strikt geordnete Syntax der Zeichen, eine weitgehend vertraute Semantik und eine zumindest bei illokutiven Sprechakten deutliche Pragmatik gegenüber einer nicht linearen, komplexen und räumlichen Grammatik der Bildzeichen mit meist arbiträrer, auf eine Ganzheit zielenden Zeichenbestimmtheit, die semantisch mehr oder minder unbestimmt bleibt und deren Sinn, gar deren illokutiver Sinn, meist vage bleibt.[8]

Mögen wir selbst konkret gegenständliche Bilder, zum Beispiel Kirchengemälde aus der Barockzeit oder dem Mittelalter dank kunsthistorischer Kenntnisse noch bezüglich ihrer Symbole und Komposition der Teile deuten können, so ist dies bei Caspar David Friedrich und der Frühromantik für Laien schon schwieriger zu leisten, und in der modernen Malerei, zum Beispiel Cy Twombly, allenfalls noch im Lepanto-Zyklus als Intention zu erkennen.

Und vor allem sollten wir nicht vergessen: Wenn wir versuchen, Bilder zu deuten und zu verstehen, tun wir dies wieder in Sprache. Das heißt, es kommt zu einer Re-Lektüre[9] in Sprache.

Genau dieser letzte Aspekt ist schon bei jeder Metapher verfänglich, erst recht aber, wenn sprachliche Inhalte in visuell erfassbaren Bildern beschrieben werden. Die von E hier verwendete Metapher insinuiert beim Hörer eine sprachliche Information, die in Sprache selbst gar nicht gesagt wurde. Für unser Sprechaktsegment S8 bedeutet dies: Was genau wir über Michael Hartmann wirklich erfahren haben, muss sich der Hörer selbst sagen. E hat es nicht gesagt. Wenn wir meinen, wir würden gerade E zuhören, so hören wir genau genommen doch nur uns selbst.

Die mit diesem vagen Sprachbild geschaffene Information bleibt ebenso unbestimmt wie die mangelnde Konkretisierung in S7a *ab einem bestimmten Zeitpunkt*, und steht im Kontrast zur Affirmation in S7 *Dass Thomas Oppermann sehr wohl wusste.*

---

[8] Stöckl H (2012) Werbekommunikation semiotisch. In: Janich N (Hrsg.) Hdb. Werbekommunikation. Tübingen: 243–262

[9] Jäger L (2002) Transkriptivität. Zur Methodik der medialen Logik der kulturellen Semantik. In: Jäger L, Stanitzek G (Hrsg) Transkribieren – Medien/Lektüre. München: 19–41

Fast schon meisterlich wird in diesem Sprechakt mit Bestimmtheit ein Wissen nur angedeutet. Konkretheit und Klarheit wird in diesem Sprechakt nur insinuiert. Insgesamt verdeckt E mehr, als er aufdeckt. Vielleicht erneut ein Hinweis auf ein inhärentes, verschleiertes Gestaltungsbemühen von E.

2.3   Sprechaktanalyse Hartmann

2.3.1   Sprechakt H 1

Segmente

H_1 S1   *Edathy hatte keine tiefe Informationen*

   S2   *Er hätte die gerne gehabt*

H_1 S1 Edathy hatte keine tiefe Informationen

Deixis-Analyse

PD Persondeixis	Ich, Sprecher	Du, Hörer	die, der - alle, andere, niemand
OD Ortsdeixis	hier	nah	dort, fern - überall, nirgends
ZD Zeitdeixis	vorher	jetzt	nachher - immer, manchmal, nie

Der Sprechakt verweist mit der PD *Edathy* auf eine nicht anwesende dritte Person und mit der ZD *hatte* auf eine Handlung dieser Person in der Vergangenheit. Eine OD ist nicht enthalten. Das Segment bleibt bei einer sehr distalen Schilderung aus einer Außenperspektive.

Semiotik-Analyse

Adjektiv vergleichend	*tiefe*
Substantiv plural	*Informationen*
Substantivierung	
Verb	*hatte*
Plusquamperfekt	
Negation	*keine*
Implikation	*Informationen, tiefe*

Das im Plural verwendete Substantiv *Informationen* impliziert zweierlei: Einmal, dass es mehrere Informationen gibt, die E haben könnte. Zum anderen, dass auch der Sprecher H entweder mehrere Informationen hatte oder mindestens eine Vorstellung davon hatte, welche sonstigen *Informationen* E haben könnte. So, wie man nicht nach etwas fragen kann, wovon man nicht zumindest eine Vorstellung hat, kann man nicht von mehreren Informationen ausgehen, wenn man nicht eine Vorstellung von mehr als einer Information hat. Folglich wirft bereits dieser Sprechakt die Frage auf, ob H nicht doch mehr weiß, als er bekannt gibt.

Dies wird auch deutlich an der im Adjektiv *tiefe* implizierten Bewertung für die *Informationen*. Diese quantifizierende Zuschreibung verlangt allein schon eine messende Vergleichsoperation. Erst recht, wenn sie in eine Negation *keine tiefe* eingebunden ist. Mindestens muss H eine Vorstellung, wenn nicht gar Wissen vom Gegenteil von *tiefe Informationen* haben. So liefert dieses S1 gleich zwei Erkenntnisse:

H muss mindestens eine Vorstellung von umfassenderen oder vielfältigeren Informationen haben oder er hat bereits solche Informationen. Insofern verweist *tiefe*, zunächst einmal auf H.

E hat schon Informationen gehabt, wenn auch keine *tiefe*, als H mit ihm gesprochen hat. Dass E Informationen schon hatte, bevor H mit ihm gesprochen hat, kennzeichnet schon die Aussagen von E und nun auch jene von H. Wenn dann auch noch gilt

E$_5$ S1   *Ich will sehr deutlich sagen*

    S2   *Ich bin nicht informiert worden*

    S3   *Habe auch nicht gesprochen mit der Spitze meiner Partei*

    S4   *Auch nicht mit der Spitze meiner damaligen Bundestagsfraktion*

dann ist auch nach diesem Sprechakt von H nicht mehr auszuschließen, dass es schon vor dem ersten Gespräch mit H Informationszuträger für E gegeben hat, die sich außerhalb der SPD-Parteispitze und SPD-Fraktionsspitze unter ganz anderen Personen noch finden können (*die zuständigen* Justizbehörden?).

Im atelischen, nicht transitiven *hatte*, hier im Plusquamperfekt (vollendete Vergangenheit) verwendet, bleibt jeder Hinweis auf handelnde Personen getilgt. Verstärkt wird diese Tilgung noch durch die Substantivierung *Informationen*, weil damit Handlungen von handelnden Personen aus dem Blick entschwinden.

Das Sprechaktsegment H$_1$ S1 ist ein Musterbeispiel dafür, dass auch atelische Zustandsverben wie ,haben' Fragen nach einem Anfang und einem Ende, einem Woher und Wohin, auslösen können, ja wenn sie auf eine abgeschlossene Handlung in der Vergangenheit verweisen und mit einem substantivierten Prozess verbunden sind, dies auch zwingend verlangen. So stellt sich auch hier die Frage nach weiteren Informanten.

H_1 S2 Er hätte die gerne gehabt

Deixis-Analyse

PD Persondeixis	Ich, Sprecher	Du, Hörer	die, der - alle, andere, niemand
OD Ortsdeixis	hier	nah	dort, fern - überall, nirgends
ZD Zeitdeixis	vorher	jetzt	nachher - immer, manchmal, nie

Mit einem PD-Verweis auf eine nicht anwesende dritte Person *er* und dem ZD-Verweis in die Vergangenheit *hätte ... gehabt* bleibt der Sprechakt in der ICH-Ferne. Eine OD ist nicht enthalten. Das Segment bleibt damit bei einer sehr distalen Schilderung aus einer Außenperspektive.

Semiotik-Analyse

Adjektiv	*gerne*
Verb Konjunktiv II	*hätte*
Verb Vergangenheit	*gehabt*
possessiv	
Rekurrenz	*die*
Linksherausstellung	*er*

Mit Linksherausstellung fokussiert H auf E, ohne dass in beiden bisherigen Segmenten der Sprecher H selbst in Erscheinung tritt. Dies stellt in diesem Fall eine Tilgung dar, weil H sich mit dem *hätte gehabt* noch weiter in die Vergangenheit richtet (ZD: vor dem damaligen Zeitpunkt schon bekommen haben). H hat nicht gesagt: „Er wollte sie haben" (ZD: damalige Gegenwart) oder noch deutlicher „Er wollte sie bekommen" (ZD: damalige Zukunft) oder deiktisch noch mehr erweitert: „Er wollte sie von mir bekommen" (PD: Hartmann, ZD Zukunft).

Stattdessen fokussiert H auf *tiefe Informationen*, die E zum benannten Zeitpunkt noch nicht hatte, und nicht auf das, was E noch bekommen wollte oder vom wem E Informationen bekommen wollte usw.

Mit der Rekurrenz *die* bezieht sich H zudem nicht einfach auf *Informationen*, sondern auf *tiefe Informationen*. Gewissermaßen macht H aufmerksam auf einen schon vorhandenen, aber ungenügenden Wissensbestand bei E, den E erweitern wollte.

Gerade in Verbindung mit H_1 S1 wird in H_1 S2 damit deutlich, was alles getilgt bleibt: Beide Segmente können überhaupt nur gesprochen werden, wenn zwischen E und H ein Kommunikationsprozess vorangegangen ist. E muss sich im Gespräch mit H schon zuvor geäußert haben, sonst könnte sich H jetzt nicht so äußern. H berichtet nur ein Gesprächsergebnis. Zum Verlauf des Gesprächs sagt H nichts.

Dass diese Tilgung des vorhergegangenen Gesprächsverlaufs durch H alles andere als unverfänglich ist, wird erkennbar, wenn man beachtet, dass in dem Segment S2 zwei Zeitformen enthalten sind: *hätte* (Konjunktiv II) und *gehabt* (Perfekt). S2 weist in der abgeschlossenen Vergangenheit in eine nachfolgende Zukunft: Relevant könnte das noch werden in Bezug auf die Frage:

Welche Informationen hatte E tatsächlich schon vor dem Gespräch mit Hartmann, die dieses Bedürfnis, *tiefe Informationen* zu bekommen, ausgelöst haben?

Diese Frage bleibt auch ungeklärt, wenn E sagt:

E_2 *Hartmann hat mich gefragt*

       Bist Du bereit für eine schlechte Nachricht Sebastian

Dieser Sprechakt schließt keineswegs aus, dass E bereits Vorinformationen hatte. Weitere, also *tiefe* Informationen müssen deshalb nicht überflüssig sein.

2.3.2 Sprechakt H 3

Segmente

H_3 S1   *Ich habe keine Erinnerung*

   S2   *daran dass ich ihm mitteilte*

   S3   *dass es ernst wurde*

   S4   *dass es zu einer Durchsuchung komme*

H_3 S1 Ich habe keine Erinnerung

Deixis-Analyse

PD Persondeixis	Ich, Sprecher	Du, Hörer	die, der - alle, andere, niemand
OD Ortsdeixis	hier	nah	dort, fern - überall, nirgends
ZD Zeitdeixis	vorher	jetzt	nachher - immer, manchmal, nie

Mit einer auf den Sprecher bezogenen PD *Ich* und in einer im Präsens, also auf den Augenblick formulierten ZD *habe* bleibt das Segment auf den Sprecher gerichtet. H spricht jetzt von sich. Wir können dies als eine proximale Äußerung verstehen. Einer Distalisierung ist allerdings bereits der Weg gebahnt.

Semiotik-Analyse

Substantivierung	*Erinnerung*
Verb	*habe*
atelisch	
Negation	*keine*
Linksherausstellung	*Ich*

Dieses Segment beginnt ganz betont mit dem Sprecher selbst, was er mit der Linksherausstellung *Ich* verdeutlicht. H hätte auch sagen können: „Erinnerungen habe ich keine".

Wiewohl im Präsens formuliert und mit Linksherausstellung proximal auf den Sprecher gerichtet, beschreibt H kein eigenes Verhalten und nur scheinbar eine Eigenschaft, sondern H verneint den Besitz eines quasi externen Objekts *Erinnerung*. Grundsätzlich verweist das Verb *habe* immer auf etwas Drittes: manchmal ein Tun, manchmal ein Objekt, eine Person, einen Zustand usw.

Wenn *habe* nicht auf ein eigenes Verhalten verweist, dann stets auf etwas, was allenfalls außerhalb der Person ist oder stattfindet: „Ich habe Äpfel" ist distal zur habenden Person ausgerichtet auf personexterne Äpfel. Selbst „Ich habe Angst" ist schon weniger proximal als „Ich fürchte mich", weil ich nichts mehr tue, sondern ein Drittes habe. Dies gilt stets, wenn kein eigenes Verhalten oder Empfinden beschrieben wird, sondern ein Geschehen/Empfinden substantiviert wird und dieses dann quasi als Objekt externalisiert wird: Nicht ich fürchte mich oder ich bin ängstlich, sondern die Angst ist dann da, so als wäre sie schon daneben.

Spätestens in einer deutenden Verbalisierung, zum Beispiel in einer Beratung oder Therapie, fällt das auf. Da sagt ein Berater „Die Angst ist schlimm" und externalisiert dann noch weiter, und ein anderer Berater sagt „Die Angst überkommt Dich richtig" und der dritte Berater sagt „Du zitterst schon richtig". Wir merken, wie ‚die Angst' immer näher kommt und die Distanz zum Erleben schwindet von distal bis proximal.

Etwas übertrieben könnten wir glauben, wenn jemand keine Erinnerung hat, dann ist das so, als habe er seinen Aktenkoffer vergessen. Nicht „ich weiß etwas nicht mehr", sondern „das Wissen ist einfach weg".

Im S2 wächst die Distanz zur Person des Sprechers sogar extrem. Einmal durch die Substantivierung *Erinnerung*. Mit dieser Substantivierung wird auch jede Handlung von H getilgt *erinnern*. H tut nichts, ganz so, als wäre die Erinnerung selbst davongelaufen. Hätte H gesagt „Ich erinnere mich nicht", wäre das schon anders gewesen. Mit zweifach betonter PD *ich, mich* und dem Verweis auf eigenes Verhalten ‚erinnern' wäre H wesentlich proximaler geblieben. Genau das tut H nicht, sondern er spricht von einem Produkt *Erinnerung*, das er nicht hat, statt von eigenem Tun *erinnern*, das er unterlässt.

Dazu passt, dass H die *Erinnerung* zusätzlich noch negiert mit *keine*. Impliziert ist mit dieser distalen Formulierung, dass H vor sich selbst glauben könnte, er lüge nicht, weil er eben kein aktuelles Verhalten – *erinnern* – beschreibt, sondern sich nur zu einem externen Produkt – *Erinnerung* – äußert, das gar nicht da ist.

Selbst in gerichtlichen Vernehmungen finden sich etwas weniger distale Formulierung wie „Ich erinnere nicht" als dieses sehr distale S2. Diese Tilgung ist indikativ für Verbergen, weil H auch sagen könnte „Ich habe schon überlegt, aber ich erinnere nicht mehr". In polizeilichen Vernehmungen kann es bei Vorhalten von Sachbeweisen schon mal vorkommen, dass ein Beschuldigter sagt: „Das muss ich wohl verdrängt haben" und mancher Strafverteidiger formuliert dann kongenial „Das wird mit Nichtwissen bestritten", so als habe sein Mandant statt Wissen ein Nichtwissen im Gepäck.

Im Ergebnis bleibt bei S1 deshalb die Hypothese bestehen: H bestreitet Wissen, das er hat.

H₃ S2 daran dass ich ihm mitteilte

Deixis-Analyse

PD Persondeixis	Ich, Sprecher	Du, Hörer	die, der - alle, andere, niemand
OD Ortsdeixis	hier	nah	dort, fern - überall, nirgends
ZD Zeitdeixis	vorher	jetzt	nachher - immer, manchmal, nie

Mit einer proximalen, auf den Sprecher verweisenden PD *Ich* und einer distalen, auf einen externen Dritten verweisenden PD *ihm* verweist das Segment mit der ZD *mitteilte* in die erste Vergangenheit (Präteritum Indikativ) auf einen Vorgang, der damals stattgefunden hat und abgeschlossen ist.

Semiotik-Analyse

Rekurrenz	*ihm*
Verb	*mitteilte*
Adverb	*daran*
Linksherausstellung	
Subjunktion	*dass*

Mit *ihm* bezieht sich H auf E. Mit dem Adverb *daran* schließt das Segment an *mitteilte* an, was selbst nachgestellt wird.

Da der Gebrauch der Tempora in der gesprochenen Sprache regional wie im Lauf der Zeit variiert (Präteritumschwund), kommt der Tatsache, dass H nicht formuliert hat „daran dass ich ihm mitgeteilt habe" (Perfekt: beschreibt Vorgänge, die in der Vergangenheit angefangen haben und noch andauern oder Vorgänge, die in der Vergangenheit angefangen haben und deren Auswirkungen noch andauern oder um vom Jetzt aus auf Vorgänge zu verweisen, die zeitlich zuvor stattgefunden haben) allenfalls eine marginale Bedeutung zu.

Interessant ist die Formulierung *mitteilte* aus einem anderen Grund. Anders als im S1 beschreibt H eigenes Tun direkt durch ein Verb *mitteilte*. Ein Verb, für das es über 300 Scheinsynonyme (informieren, benachrichtigen usw.) bzw. Begriffe mit präziseren Beschreibungen (anvertrauen, kolportieren, offenbaren usw.) gibt. Allein die Vielzahl von Alternativen verweist schon darauf, wie unterschiedlich *mitteilen* verstanden werden kann, das heißt, wie wenig kennzeichnend es letztlich ist.

Allerdings handelt es sich um ein Verb, das gleichzeitig auf ein Subjekt – *Ich* – wie auf ein Objekt – *ihm* – des Handelns verweist: *mit – teilen*.

Wo Formulierungen wie ‚aussprechen, äußern, sagen' usw. gar kein Objekt des Handelns erkennen lassen und Formulierungen wie ‚ausrichten, einweihen, melden' usw. schon die Gerichtetheit auf eine zweite Person des Handelns erahnen lassen, schafft *mitteilte* eine klare Verbindung zwischen Subjekt und Objekt des Mitteilens.

Und nicht nur dies. Man kann diese Formulierung auch verstehen als das mit einem Präfix *mit* versehene *teilen*. Teilen kann man nur, was vorhanden ist. Getilgt ist also die Implikation, dass H Kenntnis vom Mitteilbaren hatte. Wie so oft wird ein Sprechakt erst einmal indikativ für den Sprecher selbst. H bestätigt vorab schon Wissen, das er erst anschließend konkretisiert. Betrachtet man dann das Wenige (S2-S4) was nachfolgend erwähnt wird, zeigt sich, dass auch H nur sehr selektiv den Umfang seines Wissens offenlegt. Selbst im späteren H_4 negiert H nur eine Quelle seiner Informationen, nicht aber Informationen.

Außerdem verweist das Teilen auch auf eine Gemeinsamkeit von H und E. Diese Formulierung lässt eine soziale Beziehung erkennen, eine Form von Zusammengehörigkeit von E und H. Informieren kann ich Gott und die Welt, dahinplappern kann ich ganz von alleine etwas. Mitteilen lässt eher eine bestehende Beziehung erwarten („wir zwei beide"). Mitteilen kann zudem Handlungen veranlassen und verweist stärker auf interaktives Handeln. Eine Frau mag ihrem Mann persönlich mitteilen, dass sie sich scheiden lässt. Wenn sie ihn, in welcher Form auch immer, davon ‚informiert', ist sie emotional schon weiter von ihm entfernt. Fast so weit entfernt, wie wenn sie durch ihren Anwalt den Ehemann in Kenntnis setzen lässt.

H₃ S3 dass es ernst wurde

Deixis-Analyse

PD Persondeixis	Ich, Sprecher	Du, Hörer	die, der - alle, andere, niemand
OD Ortsdeixis	hier	nah	dort, fern - überall, nirgends
ZD Zeitdeixis	vorher	jetzt	nachher - immer, manchmal, nie

Die deutsche Sprache kennt ein drittes Geschlecht (Neutrum) und mithin eine dritte Personenform außer männlich und weiblich, und kein Mensch verschwendet mehr einen Gedanken darüber, wer oder was das sein soll. Das ES wurde von Sigmund Freud im Unterbewusstsein versteckt und von Steven King literarisch verewigt. Und schon wenn wir fragen, was bitte schön „ist es denn, das ‚es'?", sind wir ihm selbst schon verfallen. Wenn wir ‚es' erklären wollen, landen wir schnell in einer Tautologie, doch erklärt ‚es' sich eben nicht selbst.

Im *es* einen deiktischen Hinweis auf eine Person (PD) zu erkennen, gelingt somit nicht. Mit *wurde* verweist dieses Segment ohne PD in die erste Vergangenheit eines Geschehens, aber wie wenn ‚es' blitzt wissen wir, dass nicht der Wettergott die Blitze schleudert und nur ein Blitzer im Stadion tatsächlich eine handelnde Person ist. Ohne PD und ohne OD bleibt das nur mit einer ZD ausgestattet Segment sehr distal.

Semiotik-Analyse

Verb	*wurde*
Adverb	*ernst*
Subjunktion	*dass*

Mit einer zweiten, an die erste *dass ich ihm mitteilte*-Subjunktion anschließenden Subjunktion, berichtet H zunächst von der Eigenschaft *ernst* eines Vorgangs *dass es ernst wurde* in der Vergangenheitsform *wurde*. Erneut wieder ohne zu beschreiben, was geschah, geschweige denn, wer wo und wie handelte.

Das Segment S3 verweist mit der Attribution *ernst* auf einen eigenen Maßstab von H, mit welchem er ein nicht benanntes Geschehen bewertet. Dies inkludiert Kenntnis über das Bewertete, wie mit dem Verb *wurde* deutlich wird, dass H einen längeren Zeitverlauf kennzeichnet, den er in seiner Veränderung längere Zeit verfolgt haben muss. Egal ab wann *es ernst wurde*, H war bereits vor dem Ernstwerden in Kenntnis des nicht weiter gekennzeichneten Geschehens.

In Bezug auf das nachfolgende Segment S4 *dass es zu einer Durchsuchung komme* bestätigt nicht nur, dass H schon vor einer sich abzeichnenden Untersuchung längere Zeit in Kenntnis von Geschehensabläufen war. Es impliziert eine Differenzierung von H darüber, wann nichts mitzuteilen ist und ab wann etwas mitteilbar wäre.

Die Subjunktion *dass* bezieht sich nur auf *mitteilte*, nicht auf *keine Erinnerung*. Das Wissen über das Mitteilbare bleibt davon unberührt. Wenn H *Erinnerung* bestreitet, so beschreibt er doch einen Teil seines Wissens weiter. Das heißt, dass H differenzierte Erinnerung an ein Mitteilbares hat, nur nicht an das Mitteilen.

H$_3$ S4 dass es zu einer Durchsuchung komme

Deixis-Analyse

PD Persondeixis	Ich, Sprecher	Du, Hörer	die, der - alle, andere, niemand
OD Ortsdeixis	hier	nah	dort, fern - überall, nirgends
ZD Zeitdeixis	vorher	jetzt	nachher - immer, manchmal, nie

Ohne PD und OD verweist das Segment mit der ZD *komme* nur auf ein nachfolgend stattfindendes Ereignis *Durchsuchung* (Futur I). Das Segment wie auch der ganze Sprechaktakt bleiben damit weiter distal.

Semiotik-Analyse

(Funktions-)Verb	(zu einer Durchsuchung) *komme*
telisch	
Konjunktiv I	
Indefiniter Artikel	*einer*
Substantivierung	*Durchsuchung*
Subjunktion	*dass*

Mit der dritten Subjunktion *dass* schließt das Segment an S3 *dass es ernst werde* an und verweist auf ein damals zukünftiges Ereignis *Durchsuchung*. Mit dieser Formulierung wird ein Verhalten ‚durchsuchen' substantiviert.

Dies muss im vorliegenden Kontext einer staatsanwaltlichen Ermittlung nicht als Tilgung verstanden werden, sondern kann als Terminus technicus gesehen werden, wie er unter Juristen gebräuchlich ist.

Insgesamt ist der gesamte Sprechakt S1-S4 mit 3 Subjunktionen und 3 verschiedenen Zeiten recht komplex geworden.

Das liegt auch daran, dass dieser Sprechakt mit seinen drei ZD (Präsens – Präteritum – Futur I) eine Prozessgestalt abbildet. Bringt man den Sprechakt anders als er gesprochen wurde auf eine neue Zeitreihe, so wird die folgende Prozessgestalt deutlich:

Dass es ernst wurde – dass ich ihm (dies) mitteilte – dass es zu einer Durchsuchung komme – daran habe ich (heute) keine Erinnerung (mehr).

Wir können deshalb als Hypothese aufstellen: H wusste von einer längeren Entwicklung schon bevor *es ernst wurde* und ab einem bestimmten Zeitpunkt, *dass es zu einer Durchsuchung komme*. Der Zeitpunkt für S2 *dass ich ihm mitteilte* liegt einfach nur dazwischen. Nur die Erinnerung an dieses Mittelstück *dass ich ihm mitteilte* ist beim Sprechen vor dem Bundestagsuntersuchungsausschuss verschwunden.

Dass diese Gedächtnislücke auf allgemeine Gedächtnisschwäche zurückzuführen wäre, kann somit ausgeschlossen werden. H wusste über weiter zurückliegende Vorgänge Bescheid und hatte Kenntnis von extern bewirkten zukünftigen Veränderungen. Die Wahrscheinlichkeit, dass H lügt, sich wider besseren Wissens äußert, muss als hoch angesehen werden.

Dass H im weiteren Untersuchungsverlauf inzwischen gänzlich schweigt, erscheint dann fast schon zwingend. Auch weil getilgt bleibt, wie es überhaupt dazu kommen konnte, dass H über so lange Zeit Wissen von Geschehnissen und Veränderungen dieser Geschehnisse hat. Dies umso mehr als H in

H_4 *Ich hatte keine Informationen*

    vom BKA-Präsidenten

nur eine mögliche Quelle seines langzeitigen Wissens ausschließt, wo sich doch in den Aussagen beider Zeugen, Edathy und Hartmann, noch ganz andere Informationsquellen auch außerhalb des parlamentarischen Umfelds abzeichnen.

Unter dem semiotischen Aspekt der Pragmatik erscheint es dann fast praktisch, wenn neu angekündigte staatsanwaltschaftliche Ermittlungen gegen H dieses Schweigen als folgerichtig erscheinen lassen.

Was Sie aus diesem Essential mitnehmen können

- Sprache ist verräterisch. Die meisten sprachlichen Äußerungen in Gesprächen oder in einer Vernehmung offenbaren mehr als beim ersten Zuhören erkennbar wird.
- Selbst einzelne Sprechakte oder isolierte Fragmente von Sprechakten beinhalten zahlreiche verdeckte Informationen nicht nur zur Sache, über die gesprochen wird, sondern auch über den Sprecher selbst.
- Auf die Spur kommt man solchen verdeckten Informationen, wenn man die Sprechakte einer psycholinguistischen Sprechaktanalyse unterzieht.
- Instrumente für eine solche Aufdeckungsarbeit sind unter anderen deiktische und semiotische Analysen des Sprechakts.

© Springer Fachmedien Wiesbaden 2015
R. J. Feinbier, *Die Edathy-Protokolle: Was Sprache verrät,* essentials,
DOI 10.1007/978-3-658-10253-1

Literatur

Becker KB, Hickmann Ch Herr Hartmann (2015) lässt warten. In: SZ vom 06.02.2015, 6

Feinbier RJ (2015) Psycholinguistik in der Gesprächsführung. Theorie und Praxis einer psycholinguistischen Sprechaktanalyse. Springer, Wiesbaden

Festinger LA (1957) A theory of cognitive dissonance. Stanford University Press, Stanford

Fried N (2014) In: SZ vom 20.12.2014, 9

Fued/hai/kler (2014) Widersprüche. In: SZ vom 20.12. 2014, 9

Jäger L (2002) Transkriptivität. Zur Methodik der medialen Logik der kulturellen Semantik. In: Jäger L, Stanitzek G (Hrsg) Transkribieren – Medien/Lektüre. Fink, München, S 19–41

Stöckl H (2012) Werbekommunikation semiotisch. In: Janich N (Hrsg) Hdb. Werbekommunikation. Narr (= UTB), Tübingen, S 243–262

© Springer Fachmedien Wiesbaden 2015

R. J. Feinbier, *Die Edathy-Protokolle: Was Sprache verrät*, essentials,

DOI 10.1007/978-3-658-10253-1

Lesen Sie hier weiter

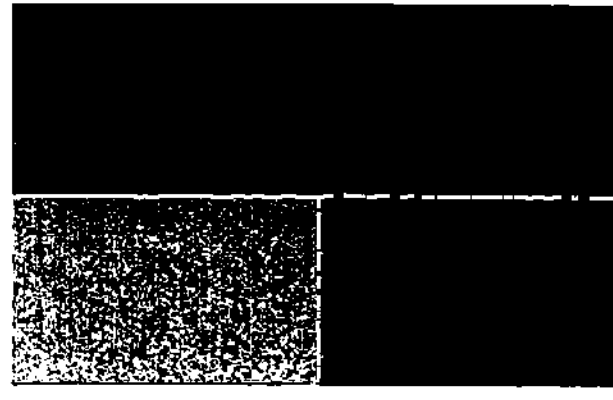

Robert J. Feinbier

Psycholinguistik
in der Gesprächsführung
Theorie und Praxis einer psycholinguistischen Sprechaktanalyse

2015, VIII, 255 S., 12 Abb.
Softcover: € 29,99
ISBN: 978-3-658-06777-9

Robert J. Feinbier

Psycholinguistik
in der Gesprächs-
führung

Theorie und Praxis
einer psycholinguistischen
Sprechaktanalyse

Änderungen vorbehalten.
Erhältlich im Buchhandel oder beim Verlag.

Einfach portofrei bestellen:
leserservice@springer.com
tel +49 (0)6221 345-4301
springer.com